经济政治与社会

主　编　孙　勇　杨俭修
吴俊霞　赵　伟

山东人民出版社

国家一级出版社 全国百佳图书出版单位

编委会成员名单

目　录

关注经济现象

学习目标

认知目标：

1. 认识商品和货币，分析经济现象。

2. 认识企业的运行和发展，分析市场经济条件下的劳动者。

3. 认识分配和收入的形成，关注理财。

能力目标：

1. 能辨析消费观，树立合理的消费观念。

2. 能分析企业运行，具备新时代劳动者的素质。

3. 能进行合理的理财行为。

第一节　商品的交换与消费

一、聚焦商品与货币

（一）丰富多彩的商品

我们常说要发展"商品经济"，还会用"商品琳琅满目"来形容物质极大丰富，购物时还会看到商场中随处贴着"特价商品"的标签……那么，到底什么是商品呢？

1. 商品

商品是用于交换的对他人或社会有用的劳动产品。从市场上购买的物品，是人们耗费一定的劳动生产出来的。这些生产出来的物品不是为了自己使用，而是用于到市场上交换。这种凝结了人类劳动，且能够满足人类某种需要的用于交换的劳动产品就是商品。

由定义可知，商品具有以下四种要素：

（1）是劳动产品。

（2）是有用产品。

（3）能满足他人或社会需要。

（4）通过市场交换。

案例链接

有一家矿泉水生产企业的广告语为"我们不生产水，我们只是大自然的搬运工"。该企业宣传其矿泉水出自千岛湖水面下70米，常年水温12℃，天然清纯，味道甘洌，富含多种矿物质，经过十三道工序加工成可口的矿泉水。

那么，千岛湖水、采集来的千岛湖水、经过加工后的矿泉水，这三种水有何不同？

物品在以下四种情况下不是商品：

（1）本身不是劳动产品。

（2）是劳动产品，但没有用于交换。

（3）没有使用价值，或失去了相应的使用价值。

（4）已经退出流通领域，进入消费领域。

用这样的视角来看，千岛湖水是天然物品，没有凝结人类的劳动；采集来的千岛湖水还没有用于交换，只是劳动产品；经过加工的，并进入流通领域的矿泉水能够满足人们饮用的需要，只有这种水才是商品。

想一想

美国青年游遍全世界，录下了各种鸟鸣、松林喧哗、瀑布奔泻、小溪潺潺的声音，经过剪辑，开办了"自然之声"豪华商店，满足人们回归自然的心理需要，成为许多失眠者的催眠妙曲，商店生意兴隆。

这种"自然之声"是商品吗？

辨一辨

以下哪些是商品？

自然界的空气	雪山上待售的氧气	DIY 妈妈的生日礼物
书店里的书籍	校图书馆的书籍	非法交易的毒品

2. 商品的两个属性：使用价值和价值

商品的基本属性是价值和使用价值。

使用价值是指商品能够满足人们某种需要的属性。比如说食物可以充饥，衣物可以蔽体和御寒，房屋可以挡风遮雨，机器可以帮助人们进行生产活动，书籍、影视作品可以满足人们精神和文化生活的需要。使用价值是商品的自然属性。

知识链接

1. 商品必须有使用价值。

2. 不同的商品具有不同的使用价值。使用价值是商品的自然属性，它反映人与物的关系。

3. 同一种商品可能有多种使用价值。使用价值随生产和科技的发展逐渐被人们所发现。

4. 使用价值是商品的重要属性，但不是特有属性。不是商品的东西也有使用价值。

5. 商品的使用价值与质量有关。

价值是指凝结在商品中无差别的人类劳动。价值是商品的本质属性。

任何两种不同的使用价值相交换的数量比例就是根据各自价值决定的。价值是交换价值的基础，交换价值是价值的表现形式。

知识链接

1. 价值是商品特有的属性，不是所有的劳动产品都有价值。

2. 价值是商品的社会属性，它反映生产者之间相互交换劳动的关系。价值是商品的本质属性，反映人与人之间的社会关系。

3. 价值是商品的共有属性，可以作为千差万别的商品相比较的基础。

4. 商品的价值通过交换价值表现出来。

3. 商品是使用价值和价值的统一体

任何商品都是使用价值和价值的统一体。统一表现为使用价值是价值的物质承担者，没有使用价值就没有价值。有使用价值的东西不一定有价值。有价值的必然有使用价值。对立表现在对于消费者和生产者而言，二者不可兼得，不能同时拥有商品的价值和使用价值。

辨一辨

1. 没有使用价值的东西，也没有价值。

2. 有使用价值的东西，就一定有价值。

3. 没有价值的东西，也一定没有使用价值。

4. 有价值的东西，一定有使用价值。

（二）神奇的货币

马克思曾在《资本论》中引用过莎士比亚的悲剧《雅典的泰蒙》中主人公的一段独白："……这东西，只这一点点，就可以使黑的变成白的，丑的变成美的，错的变成对的，卑贱变成尊贵，老人变成少年，懦夫变成勇士。"这就是金钱。

1. 货币的产生

货币是商品交换发展到一定阶段的产物，其产生比商品晚得多。

原始社会末期出现了剩余物，产生了偶然的物物交换。随着生产力和社会分工的发展，交换越来越频繁，交换的范围越来越大，交换的商品种类越来越多，但交换的难度却越来越大。

> 1.某原始部落曾出现这样一幕：有棉布的人喊："要布的拿谷子来换！"有谷子的人喊："要谷子的拿茶叶来换！"有茶叶的人喊："要茶叶的拿斧子来换！"而有斧子的人却在喊："要斧子的请带匹马来！"
>
> 如果他们都能顺利成交，需要什么条件？请设想让交换变得简便的方法。
>
> 2.《荷马史诗》曾讲到，长发的希腊人买酒，有的人用青铜器去换，有的人用铁去换，有的人用牛或羊去换，更有的人用奴隶去换。但是，这种物物交换往往不能成功，因为卖酒的人不需要对方的商品。
>
> 如果他们都能顺利成交，需要什么条件？

经过长期的交换实践，人们逐渐找到让交换变得简单的办法。这就是先把自己的东西换成市场上大家都乐于接受的商品，再用这种商品去交换自己需要的商品。这种市场上大家都乐于接受的商品便成为一般等价物，充当商品交换的媒介。

历史上曾经充当一般等价物的商品有很多，早期的有牲畜、贝壳、布帛等。后来，随着社会生产力的不断发展，普通的商品难以在频繁的社会交换中充当一般等价物。再加上冶炼技术不断发展，贵金属如金银等具有体积小、价值大、不易磨损、便于携带、易于分割和保存等特点，逐渐从商品世界中分离出来，固定地充当一般等价物。当金银成为固定充当一般等价物的特殊商品时，货币就诞生了。

货币出现以后，商品世界分为两极：一极是丰富多彩的商品，各有使用价值，它们的主人想要获得价值，必须与货币交换；另一极是金银货币，代表一切商品的价值。货币成为商品使用价值与价值对立统一的中间纽带。

2.货币的基本职能

货币的职能是指货币在经济生活中的作用。货币具有价值尺度、流通手段、贮藏手段、支付手段和世界货币等职能。

（1）价值尺度职能

货币自诞生之日就具备价值尺度和流通手段两种基本职能。货币具有的表现和衡量其他一切商品价值大小的职能，就是价值尺度。商品价值的大小就表现为货币的多少。

通过一定数量的货币表现出来的商品的价值的大小就是商品的价格。货币执行价值尺度的职能就是把商品的价值表现为一定的价格。

为了衡量商品价值的大小就必须为货币确定度量单位。货币的计量单位，最初是采用金银重量单位的名称。比如，历史上我国以"两"、英国以"镑"作为货币单位。后来货币的计量单位和金银的重量单位分离，各国都规定了货币单位名称。我国主币单位是元，辅币是角；美国是美元，欧盟是欧元，俄罗斯是卢布等。

案例链接

如果你对大人说："我看到一栋用玫瑰色砖块盖成的漂亮房子，他的窗户上有天竺葵，屋顶上还有鸽子——"他们怎么也想象不出这栋房子有多好。必须对他们说："我看到了标价600万的房子。"那么他们就会惊叫："多么漂亮的房子啊！"

——节选自《小王子》

标价600万如何理解？

（2）流通手段职能

货币充当商品交换媒介的职能就是货币的流通手段的职能。以货币为媒介的商品交换叫作商品流通。用公式表示为：

商品——货币——商品

货币执行流通手段职能时，只能用现实的货币，不能用观念上的货币。

（3）贮藏手段职能

货币被当作社会财富的一般代表保持储存起来，就是在执行贮藏手段的职能。一般说来，此时的货币应是足值的金属货币（如金银条块等）。

（4）支付手段职能

货币执行支付手段的职能是随着商品赊账买卖的产生而出现的。货币可用于支付债务、地租、利息、税款、工资等。

（5）世界货币职能

在很长的时间内，只有贵金属金银固定地充当世界货币。现在某些纸币，如美元、欧元、英镑等，也具有了世界货币的职能。

案例链接

王刚采用按揭贷款的方式购买了一套总价25万元的新房，首付现金5万元，然后在15年内付清银行贷款20万元及利息6万余元。

这里的25万元购房价、6万余元利息、5万元首付金分别执行货币的什么职能？

3. 纸币

货币作为一种人们能够共同接受的价值等价物，在不同的时期有着不同的表现形式。在漫长的岁月中，货币的表现形式经历着由低级向高级的不断演变过程，实现从实物货币、金属货币、代用货币到现代的信用货币的进化。

正如马克思所说，货币处在流通领域中，"只是转瞬即逝的要素。它马上又会被别的商品代替。因此，在货币不断转手的过程中，单有货币的象征存在就够了"。这就产生了由价值符号或代用货币代替真实货币的可能性。而代用货币比较完善的形式是纸币。

案例链接

最早的纸币

宋代商业发达，原有的金属货币都笨重不堪，极大地阻碍了地区间商品交换的发展，要求有大量轻便的货币。

宋真宗年间，成都16家信誉较好、实力雄厚的商号制作了一种纸券，名曰"交子"，代替金属货币进行交易，16家商号承诺随时按面额兑换金属货币，这就是最初的纸币。

但是交子在使用过程中发生了不能兑现的情况，引起了民众的诉讼和不满。1023年，宋朝政府禁止私人发行交子，改由国家发行，并储备了大量的金属货币以备兑换。这就是最早的纸币。

1. 从交子的产生过程来看，它为什么能够购买商品？
2. 由私人发行交子存在什么问题？怎样解决这一问题？
3. 使用交子与使用金属货币相比，有何好处？

纸币是由国家发行的强制使用的价值符号。理解纸币的概念应从以下三方面入手：

首先，纸币必须由国家发行。如果不是国家发行的，就不是纸币，而是伪造的假币，在市场上不能流通。制造假币的行为在各国都属于犯罪行为。

其次，必须是国家现在正在强制使用的。国家以前强制使用的但现在不再强制使用的，则不能在市场上流通。

最后，纸币是一个抽象的概念，是代表金属货币的符号，它本身不是商品，也就没有价值。

在市场中流通的纸币并非越多越好，纸币发行量必须以流通中所需要的货币量为限度，受多种因素制约。总的来说，流通中所需货币量，同商品价格总额成正比，而同货币流通速度成反比。公式为：

$$\text{流通中所需要的金属货币量} = \frac{\text{商品价格总额}}{\text{货币流通次数}}$$

纸币的发行量既与商品价格总额有关，又与货币流通次数密切相关，如果不遵循经济规律，滥发或少发纸币，均会对社会生活造成严重危害。通货膨胀和通货紧缩就是流通中的货币量不能满足实际所需货币量的两种情况。

通货膨胀是指纸币的发行量超过流通中所需要的数量，从而引起纸币贬值，物价上涨。社会动乱、战争等情况极易造成纸币贬值。

资料链接

通货膨胀带来的危害

在国民党政府统治下的旧中国恶性通货膨胀的发生，达到骇人听闻的程度，有人曾作过这样的统计，1937—1949 年 100 元法币的购买力变化情况如下：

1937 年　可买黄牛 2 头	1938 年　可买黄牛 1 头
1939 年　可买猪 1 头	1941 年　可买面粉 1 袋
1943 年　可买鸡 1 只	1945 年　可买鸡蛋 2 个
1946 年　可买肥皂 1/6 块	1947 年　可买煤球 1 个

1948 年 8 月可买大米 0.002416 两

1949 年 5 月可买大米 0.000000000185 两（即 1 粒大米的 2.5/10000000）

相反，如果纸币的发行量少于流通中所需数量，那么纸币升值，物价下跌，这种情况就是通货紧缩。

4.现代货币

随着社会发展和金融产品的发展，现代货币有多种多样的新表现形式。信用卡、支票等信用凭证极大地方便了人们的生活；随着国际交往的逐渐深入，国际结算日益增多，外币与外汇对我们而言也不再陌生。

（1）信用卡

知识链接

信用卡的简历

诞生：1915 年

籍贯：美国

出身：商业世家

教父：弗兰克·麦克纳马拉——"大来俱乐部"

生父：美国加利福尼亚州富兰克林国民银行

信用卡是具有消费、转账结算、存取现金、信用贷款等功能的电子支付卡。银行信用卡是商业银行对资信状况良好的客户发行的一种信用凭证。持卡人可以在发卡银行指定的消费场所使用，也可以在指定的营业机构存取现金或转账。

信用卡的使用能减少现金的使用，简化收款手续，方便购物消费，给持卡人带来诸多便利。

案例链接

值得关注的现象是，现今，刷信用卡已在大学校园中蔚然成风。超过半数的学生拥有信用卡，很多人还不止一张，而睡眠卡、坏账、挥霍、拆东补西等现象也随之出现。大学生热衷办卡除了方便使用和可以透支的原因以外，还有几个很重要的因素，就是银行在校园中发行的信用卡并不需要缴纳年费，门槛低，而且有办卡礼品。

目前，持卡学生有两大类，一类是"睡眠卡"持有者，他们开卡却不用，注销率高；另一类是刷卡一族，他们深受"花明天的钱，做今天的事"的消费理念影响，不少人还因为开办信用卡沦为"卡奴"，每月都要为还款烦恼。

1. 你的银行信用卡丢失，由于密码设置简单，担心被人捡到后盗刷，你如何避免损失？

2. 你周围有"卡奴"吗？应如何避免成为"卡奴"？

（2）支票

支票是活期存款的支付凭证，是出票人委托银行等金融机构见票时无条件支付一定金额给受款人或者持票人的票据。支票可分为现金支票、转账支票及普通支票。支票一经背书即可流通转让具有通货作用，成为替代货币发挥流通手段和支付手段职能的信用流通工具。采用支票进行货币结算，可以减少现金的流通量，节约货币流通费用。

（3）外汇

国际间贸易往来、商品买卖、消费购物旅游等需要用到外汇。外汇是用外币表示的用于国际结算的支付手段。汇率是指两种货币之间的兑换比率，也称汇价（两种货币的买卖价格）。外汇汇率的变化受多种因素影响，其变动也对整个国民经济产生不同程度的影响。

外汇汇率上升使外国商品的人民币价格升高。让我们以实例方式来理解这一问题。王小明想要购买一台苹果电脑，如果该品牌的电脑在美国市场的售价为 1000 美元，而汇率是 1∶6.6。王小明需要支付 6600 元人民币。假定王小明由于财力困扰而不得不推迟两个月购买，电脑的美元价格仍然是 1000 美元，而此时美元的汇率上升到 1∶7.0。这时王小明必须支付更多的人民币，即需支付 7000 元人民币才能买到那台心仪的电脑。

因为汇率的变动，王小明购买同款电脑需多支付一定费用，也就是外汇汇率上升导致本国人民购买外国商品的价格升高。

外汇汇率上升使本国商品以外币表示的价格降低。例如，美国消费者布朗先生想要购买一台海尔空调，标价为 9240 元人民币。在汇率为 1∶6.6 时，美国消费者布朗先生需要花费 1400 美元；如果汇率上升到 1∶7.0，约翰先生只需要花费 1320 美元。

外汇汇率降低的影响相反。例如，美元汇率下跌将降低美国商品在中国的价格，同时提高中国商品在美国的价格。如果美元对人民币的汇率从 1∶6.6 下降到 1∶6.0，王小明购买上述一台苹果电脑只需花费人民币 6000 元，而布朗先生购买上述一台海尔空调的支出却上升到 1540 美元。

由上可见，在两国国内价格均保持不变的前提下，当一个国家的货币升值时，该国商品在国外就变得较为昂贵，而外国商品在该国则变得较为便宜；反之，当一国货币贬值时，该国商品在国外就变得较为便宜，而外国商品在该国则变得较为昂贵。

二、探寻价格与价值规律

（一）价格的影响因素

1. 供求影响价格

资料链接

镜头一：情人节来临，玫瑰花涨价。

镜头二：云南干旱波及花市和茶市。

镜头三：羽绒服在东北卖得火爆，但在海南降价也无人问津。

镜头四：迈克尔·乔丹在 1997 年 NBA 总决赛"流感之战"中所穿的球鞋以 104765 美元的成交价格被拍卖，这一数据打破了体育界比赛用鞋的拍卖纪录。

一般来说，商品价格不是固定不变的，有时高有时低，有的地方高有的地方低。引起价格变动的因素有很多，比如时间、地域、气候、生产条件、政府的政策、相关商品等。各种因素对商品价格的影响是通过改变商品的供求关系实现的。

案例链接

1. 大概是物以稀为贵罢。北京的白菜运往浙江，便用红头绳系住菜根，倒挂在水果店头，尊为"胶菜"；福建野生着的芦荟，一到北京就请进温室，且美其名曰"龙舌兰"。
——鲁迅《藤野先生》

需求的变动如何影响商品价格的变化？

2. "糙米五块，谷三块，"米行里的先生有气没力地回答他们。……"现在是什么时候，你们不知道么？各处的米像潮水一般涌来，过几天还要跌呢！"……今年天照应，雨水调匀，小虫子也不来作梗，一亩田多收这么三五斗，哪里知道临到最后的占卜，却得到比往年更坏的课兆！
——叶圣陶《多收了三五斗》

供给的变动如何影响商品价格？

供给不变，当需求增加时，消费者的竞相抢购会使商品价格上升；而需求的减少则会导致商品价格的下降。

需求不变，供给增加会使商品价格下降，而供给减少则会使商品价格上升。

做一做

一段时间内，社会上盛传"喝绿豆汤可以包治百病"，导致绿豆价格飞涨。这里，引发绿豆价格上涨的主要原因是（　　　）

A. 绿豆的价值增加 　　　　　　　　B. 增加了绿豆的需求

C. 绿豆的使用价值增加 　　　　　　D. 绿豆的供应量减少

2. 价值决定价格

商品的价格既不会无限地上涨也不会无限地下跌，价格是由商品的价值决定的。价值是价格的基础，价格是价值的货币表现。各种商品的价格之所以高低不等，是因为它们包含的价值量不同。在既定条件下，商品的价值量越大，价格就越高；价值量越小，价格就越低。

商品的价值量是由社会必要劳动时间决定的。社会必要劳动时间是指现有社会正常的生产条件下，在社会平均的劳动熟练程度和劳动强度下，制造某种商品所用的时间。

理解社会必要劳动时间要把握以下几个方面的内容：

（1）社会正常的生产条件既不是指过去的，也不是将来的，而是现在的。

（2）社会正常的生产条件，是指同一生产部门里，绝大部分同类产品的生产者所拥有的生产条件。生产条件主要是指使用什么样的劳动工具。

（3）决定某种商品价值的是社会平均的劳动熟练程度和强度。

商品生产者用高于或低于社会必要劳动时间的个别劳动时间生产商品，但只能按社会必要劳动时间决定的价值量进行交换。因此，为了降低个别劳动时间，商品生产者就要不断地提高劳动生产率。

所谓劳动生产率，是指劳动者的生产效率，它通常用单位劳动时间内生产的产品数量来表示。分为社会劳动生产率和个别劳动生产率。

劳动生产率越高，在单位时间内生产的产品数量就越多，平均到单位产品上的劳动时间就越少。

生产某种产品的个别企业劳动生产率提高只影响这家企业在该领域中的地位，而并不改变生产该商品的社会必要劳动时间，也就是不会改变该商品的价值量。

如果某种商品的生产者普遍提高了劳动成产率，就会导致该商品的社会必要劳动时间缩短，从而使单位的价值量降低。若其他因素不变，单位商品的价值量与生产该商品的社会劳动生产率成反比。

3. 价值规律

价值规律是商品经济的基本规律，只要存在商品生产和商品交换，价值规律就存在并发挥作用，违背价值规律就要受到惩罚。价值规律既存在于资本主义市场经济中，也存在于社会主义市场经济中。

价值规律的基本内容是：商品的价值量是由生产商品的社会必要劳动时间决定的；商品交换要以价值量为基础，实行等价交换。

商品价格受供求关系的影响，有时高于价值，有时低于价值。当商品供不应求时，价格上升高于价值；当商品供过于求时，价格低于价值。但是价格不会无限制地上涨，也不会无限制地下降，而是以价值为中心上下波动。从长期的交换过程来看，价格总的来说与价值是相符的。商品价格受供求关系的影响，围绕价值上下波动，则是价值规律的表现形式。

（二）价格变动的影响

1. 对消费需求的影响

经济生活中，价格的涨落是最正常的一种现象了。对于商品价格的上涨，我们应该理智地看待，积极地面对。一般来说，在其他条件不变的情况下，某种商品的价格下降时，人们会增加对它的购买，需求量增加；该商品的价格上升时，人们会减少对它的购买，需求量减少。这是价格影响需求的一般性规律。

知识链接

需求规律的特例

吉芬商品是英国经济学家吉芬的一个发现，被认为是需求规律的特例。按照供求规律，商品的需求与价格之间是一种负相关关系，价格上升，需求减少，价格下降，需求增加。但是，吉芬发现，有一类商品，其需求与价格之间并不呈负相关关系，价格上涨不仅不会导致需求减少，反而使需求增加。例如，消费者需要购买肉和土豆。当土豆价格上升时，消费者相对变穷了，然而，由于土豆是人们必需的食物，并且它相对肉来说是低档品，此时人们的反应是削减奢侈品——肉，从而更多地购买土豆这种主食。因此，可以认为土豆的价格上升实际引起了土豆需求量的增加。

炫耀性的商品

很多时候，我们买一样东西，看中的并不完全是它的使用价值，而是希望通过这种东西显示自己的财富或地位，所以，有些东西往往是越贵越有人追捧，比如一辆高档轿车、一部昂贵的手机、一栋超大的房子、一场高尔夫球、一顿天价年夜饭。制度经济学派的开山鼻祖凡勃伦称之为炫耀性消费。他认为，那些难于种植并因此昂贵的花并不必然比野生的花漂亮，对于牧场和公园，一头鹿显然没有一头牛有用，但人们喜欢前者是因为它更加昂贵、更加没用。经济学家们将这种炫耀性消费的商品称之为凡勃伦物品，甚至画出了一条向上倾斜的需求曲线——价格越高，需求量越大。经济学家们发现，凡勃伦物品包含两种效用，一种是实际使用效用，另外一种是炫耀性消费效用，而后者由价格决定，价格越高，炫耀性消费效用就越高，凡勃伦物品在市场上也就越受欢迎。

商品的价格变动会导致需求量的变动，但是不同商品需求量对价格变动的反应程度是不同的。

农产品、食盐等生活必需品价格的上涨，往往不会导致消费者对其需求量的大幅度减少；但如果是轿车、电脑等高档耐用消费品的价格急剧下降，消费者对其需求量会大幅度增加。

需要注意的是，消费者对既定商品的需求，不仅受该商品价格变动的影响，而且受相关商品价格变动的影响。

🔍 **案例链接**

油价上涨，暂缓买车

　　油价上涨给各行各业造成了连带影响，车市首当其冲。调查显示，"油价上涨"打击了市民的买车积极性。在准备购买汽车的人群中，不到一成的市民坚持原来的买车计划，近三成市民推迟了买车计划，35.9%的买车人仍处于观望阶段，12.8%的买车人甚至因"油价"放弃了买车。

　　面对油价上涨，为什么车市直接受到冲击？油与车之间是一种什么关系？

　　作为互补商品，一般一种商品的价格上升，不仅使该商品的需求量减少，也会使另一种商品的需求量减少；反之，一种商品的价格下降，需求量增加，会引起另一种商品的需求量随之增加。

🔍 **案例链接**

"汽车变气车"

　　由于国际石油价格上涨，一些出租车司机纷纷改装汽车，使用较为便宜的车用液化气作燃料。

　　车用液化气与汽油是一种什么关系？

　　相互代替的两种商品，一种商品的价格上升，消费者将减少对该商品的需求量，转而消费另一种商品，导致对另一种商品的需求量增加。

　　生活是一门艺术，消费是一门学问，如何利用消费的学问创作生活的艺术是值得我们思考的。了解价格影响需求的这些知识，有助于科学、合理地安排我们有限的收入，即使在价格的变动和生活的压力之下，仍然可以活得多姿多彩，有滋有味。

　　2. 对企业生产的影响

　　价格变动对企业生产具有重大影响，主要体现在以下几个方面：

　　（1）调节生产规模。某种商品的价格上涨时，企业获利增加，生产者就会扩大生产规模，增加产量；如果价格下降，企业获利减少，生产者就会缩减生产规模，减少产量。

　　（2）提高劳动生产率。价值规律要求商品按照其价值来交换，率先改进技术设备的企业，由于改善经营管理，劳动生产率提高，其生产商品的个别劳动时间就会少于社会必要劳动时间，获利就多，就会刺激其他商品生产者改进生产工具，提高劳动生产率，加强经营管理，降低消耗，从而推动整个社会生产力的发展。

（3）实现优胜劣汰。商品生产者的生产经营管理情况各不相同，生产条件好、经营管理水平高的生产者，生产出来的商品适销对路，因而获利较多，在竞争中占有优势；反之，生产者就可能被市场淘汰。

作为生产者，面对的市场机遇与挑战并存。价格瞬息万变，竞争如火如荼，只有把握好价格影响生产的这些知识，才能在危机四伏的市场中运筹帷幄，决胜千里，成为竞争的强者和市场的赢家。

三、认知个人消费和消费观

（一）消费及类型

1.影响消费的因素

案例链接

在新中国成立60周年庆祝活动中，一位外国记者用"结婚三大件"的变化来反映中国的变迁。20世纪70年代是自行车、手表、缝纫机，80年代是电视、冰箱、洗衣机，发展到今天则是车子、房子、票子。

是什么因素导致了"结婚三大件"的变化？

社会经济发展水平是影响人们消费的根本因素，而消费者的个人收入是消费的基础和前提。在其他因素不变的情况下，一般来说，人们的当下可支配收入越多，对各种商品和服务的消费量就越大。消费者的收入水平还受未来收入预期的影响。如果对未来持乐观的预期，

名人名言

赚钱，一个乞丐就可以做到；用钱，十个哲学家都难以做好。

——［美］乔治·索罗斯

则预支未来收入的可能性就会加大；反之，预期未来收入会减少，则消费者会减少当前消费。

消费水平还与物价水平有关。一般而言，物价上涨，购买力普遍下降，人们会减少消费量；反之，物价下跌，购买力普遍上升，会增加消费量。

此外，消费者的消费心理，商品的性能、外观、质量、包装、购买方式、售后维修与保养，商店位置、服务态度等情况，都能影响人们的消费活动。

2006年德国世界杯足球比赛的地点有12个，赛程从北京时间2006年6月10日至7月9日，历时一个月。世界各地的球迷蜂拥而至，为了观看比赛，许多铁杆球迷放弃了工作，忍受语言不通和气候、饮食习惯的差异，甚至购买高价票。除此之外，各参赛球队的球迷还要追随球队在比赛城市之间辗转，更有甚者，到现场看球的巴西球迷为省钱都到德国的邻国波兰去住。这些球迷为了世界杯，已经达到了疯狂的地步，他们的坚强信念令人佩服！

社会收入差距程度也影响消费者的消费水平。收入差距过大，社会总消费水平降低；收入差距缩小，社会总消费水平会提高。

中国现阶段总体消费水平

当城市的富豪们坐在饭店的包房里吃着几万元一桌的佳肴时，中国西部深山里的母亲们也许还在为孩子的学习费用而发愁。据测算，截至2013年末，中国拥有亿万富翁6.7万人，千万富翁109万人。与此同时，中国还有8249万农村贫困人口，12万多个贫困村，832个国家扶贫开发工作重点县和集中连片特殊困难地区县。

2. 消费类型

消费有不同的类型。

（1）按照交易方式不同，消费可以分为钱货两清的消费、贷款消费和租赁消费。

钱货两清的消费：在生活中消费的大部分商品，是通过一手交钱、一手交货的交易方式获得的。交易完成，商品的所有权和使用权即由买主自己享有。

贷款消费：预支未来收入进行消费，即"花明天的钱，圆今天的梦"。在购买住房、轿车等商品或家居装修时，一次性付款可能会超出买主的支付能力，在收入稳定且比较乐观的情况下，可以考虑预支未来收入进行消费。在贷款消费模式下，消费品的所有权和使用权逐渐发生转移。

租赁消费：有些商品，使用的次数有限（暂时使用），而买下后又不划算的，可以通过短期租赁的办法。租要比买便宜得多，如婚纱、大件儿童玩具、不想收藏和不需反复翻阅的书等。在租赁消费方式下，商品的所有权不发生变更，而只获得该商品在一定期限内的使用权。

（2）按照消费对象不同，消费可以分为有形商品消费和劳务消费。

有形商品消费主要是指物质产品的消费，消费的商品是有形的，如食品、衣服等。

劳务消费是指花钱购买的各种服务，如家政、家教、维修、保姆、理发等。

（3）按照消费的目的，消费可以分成生存资料消费、发展资料消费和享受资料消费。

生存资料消费：满足较低层次衣食住行的需要，是最基本的消费。

发展资料消费：满足人们发展德育、智育、体育等方面的需要，如接受教育。

享受资料消费：人们对生存和发展的需求得到满足以后，为了进一步丰富自己的物质生活和精神生活的消费，如旅游。

随着经济水平的提高，生存资料消费在总消费中的比例越来越少，而发展资料和享受资料在总消费中的比例将逐步增加。

（二）树立正确的消费观

1. 消费心理面面观

消费者的消费行为受消费心理的支配。

（1）从众消费。即"人云亦云""随大流"。大家都这么认为，我也就这么认为；大家都这么做，我也就跟着这么做。消费者跟风随大流的从众心理往往引发对某种商品或某种时尚的追求，从而形成购买热潮。消费是否应该从众，要做具体分析。盲目从众是不可取的。

🔍 案例链接

现代著名女作家张爱玲有一个很大的爱好，就是喜欢穿奇装异服。张爱玲穿衣服有她的想法，她认为穿衣服质地是不重要的，重要的是引起别人的高度关注。基于这种理念，所以什么古怪的衣服她都敢穿。有一次，张爱玲为出版小说《传奇》，到印刷厂去校稿样。那天她穿的衣服，使整个印刷所工人停了工。这百分之百的回头率令张爱玲深感满意，得意之中，张爱玲跟她身边的女工说："要想人家在那么多人里只注意你一个，就得去找你祖母的衣服来穿。"女工吓了一跳："穿祖母的衣服不是穿寿衣了吗？"张爱玲说："那有什么关系，别致就行。"

这是一种什么心理引发的消费？我们该如何看待这种心理？

（2）求异消费。有些消费者喜欢标新立异，显示与众不同。这种消费可以推动新工艺与新产品的出现和发展。但展示个性要考虑社会的认可，遵从社会道德和法律的规定，还要考虑代价。适当求异可行，过分标新立异不值得提倡。

（3）攀比消费。有些消费者受攀比心理的影响，消费行为向上看齐，人无我有。这种消费行为不实用，对个人生活极其不利，同时造成社会资源的极大浪费。这是一种不健康的消费心理，应予以抵制。

（4）求实消费。消费者进行消费时，会考虑很多因素：价格是否便宜，质量好不好，服务是否周到，功能是否齐全，操作是否简单，等等。根据自己的实际情况选择商品，这种消费行为是有利的、理智的消费，对个人和社会都有好处，值得提倡。

人们的消费行为会受到消费心理的影响，因此拥有一个健康的消费心理，做一个理智的消费者，对以后的生活和成长都具有非常重要的意义。我们应该怎样做一个理智的消费者呢？

知识链接

消费中要"多问"

1. 消费前多问"是不是"："是不是我真正需要的？""是不是我负担得起的？"

2. 消费中多问"怎么才能"："怎么才能选到称心的商品和服务？""怎么才能使选购的商品物美价廉？"

3. 消费后多问"为什么"："为什么我选择了这件商品？""为什么我的消费是错误的？"

2. 做理性的消费者

（1）量入为出，适度消费。即消费要与自己的经济承受能力相适应。

案例链接

据对一所农村中学住校生消费情况的调查得知，学生在校消费月平均支出（不包括按规定上交学校的费用）有的达700多元，仅买零食一项就能花300多元，而有的同学包括吃饭在内全部花费不足70元。两相比较相差10倍之多。

我们提倡"量入为出，适度消费"，那么这个"度"应如何把握才是合理的？

所谓"量入为出"，就是要求消费者在自己的经济承受能力之内进行消费，那些支出无计划、想买什么就买什么的行为是缺乏理智的。所谓"适度消费"，对社会来说，是指与国情和实际经济发展水平相适应的消费；对于个人来说，是指与收入水平及社会风尚相适应的消费。也就是说我们的消费既不超前于生产和收入水平，也不滞后于生产和收入水平。也不能过分地抑制消费，在自己的经济承受能力之内，还应该提倡积极的、合理的消费。

想一想

果戈理的小说中有个"守财奴"叫泼留希金，他攒了很多钱财却不消费，钱锁在柜子里，物品藏在仓库里，以致纸币一碰就化为灰，面粉硬得像石头。

泼留希金的消费是不是适度消费？该不该提倡？为什么？

（2）避免盲从，理性消费。是指人们在消费过程中坚持从个人的生活实际需要出发，避免盲目从众、跟风随大流，避免情绪化消费，避免重物质消费、忽视精神消费。

想一想

经常使用发泡塑料盒的人可能没有想到，全国一次性食具的使用量超过100亿只！这种食具的制作危及臭氧层，用它装饭菜危害人体健康，它不易降解，还会造成严重的污染。

我们应当如何对待发泡塑料餐盒？

（3）保护环境，绿色消费。绿色消费是以保护消费者健康和节约资源为主旨，符合人的健康和环境保护标准的各种消费行为的总称，其核心是可持续消费。

人们形象地把绿色消费概括为"5R"：节约资源，减少污染（Reduce）；绿色生活，环保选购（Reevaluate）；重复使用，多次利用（Reuse）；分类回收，循环再生（Recycle）；保护自然，万物共存（Rescue）。

资料链接

拥有466亿美元身家的比尔·盖茨，按说他的消费可以"随心所欲"，但他很节俭。他没有自己的私人司机；公务旅行不坐飞机头等舱，却坐经济舱；衣着也不讲究什么名牌；还对打折商品感兴趣；不愿为泊车多花几美元。

然而，他已经多次宣布将在有生之年将自己的几乎全部的财富捐献给社会。他到底为什么这么做？盖茨说："我很珍惜每一分钱，我从来都是这样的。一个人只有用好了他的每一分钱，他才能做到事业有成、生活幸福。"

（4）勤俭节约，艰苦奋斗。我国是发展中的大国，勤俭节约、艰苦奋斗是我国的传统美德和民族精神。作为一种精神，它是永远不过时的。以艰苦奋斗为荣、以骄奢淫逸为耻，是社会主义荣辱观的体现。勤俭节约是指不要浪费，提倡充分提高消费资料的利用效率。对于人类需求与发展来说，资源总是有限的，所以必须提倡勤俭节约的精神。

体验与践行

一、仿写句子

挪威剧作家易卜生说过：金钱可以买来食物，却买不来食欲；金钱可以买来药品，却买不来健康；金钱可以买来熟人，却买不来朋友；金钱能带来奉承，却带不来信赖。

请仿写：金钱可以买来 _____，却买不来 _____；

金钱可以买来 _____，却买不来 _____；

金钱可以买来 _____，却买不来 _____；

金钱可以买来 _____，却买不来 _____。

二、搜集千奇百怪的商品

2005 年，一本名为《行销在中国》的书描写了大学毕业生王小飞的创业之路：王小飞想到一个人离开故土后会思乡，于是将"中华母亲河"——黄河源头的水包装成"文化水""思乡水"，每瓶售价 50 元。"少小离家老大回"的海外华侨，见了这水就为之动情，销售得很好。同年，著名作家张贤亮将几滴黄河水注入葫芦形瓶子，再系上中国结，放在自己创办的西部影视城里售卖，10 元一瓶。黄河水的销量一直不错，游客争相购买。

请搜集千奇百怪的商品，并谈谈商品背后的故事。

三、案例分析

一位美国人到非洲原始丛林旅游，看到水天一色，便想租用部落的独木舟泛游于湖上。当他拿出美元去租船时，船的主人拒绝了，提出要用陶器交换。这位美国人于是来到另外一个有陶器的部落用美元购买陶器，不料又遭到拒绝，主人提出要用纱布交换。于是他又来到一个有纱布的部落，提出用美元购买纱布，不想也遭到拒绝，主人提出要用针来交换。他猛然想起帽子上别了几根针，于是他用针换回了纱布，又用纱布换回了陶器。当他拿着陶器来找船主时，船主已经回家了。这位美国人十分沮丧。

1. 用针换纱布，又用纱布换陶器，再用陶器换撑船的服务，为什么这种交换能进行下去？

2. 号称"世界货币"的美元为什么在非洲的原始部落里却"寸步难行"？

3. 如果你打算在这个不接受美元的原始部落开发旅游业，你认为首先要解决什么问题？

四、有人认为万能的金钱就是财富；有人认为财富是美丽的精神家园；山间明月、石上清流是隐士的财富；宇宙奥秘、人间万象是智者的财富；音乐是贝多芬、莫扎特的财富；色彩是达·芬奇、莫奈的财富；齐白石的财富是虾，徐悲鸿的财富是马……总之，每个人都有自己的财富，甚至某种痛苦的经历也是一笔宝贵的财富。

你的财富是什么呢？请以"我的财富"为话题，写一篇文章，小组交流讨论。

第二节　企业的生产与经营

一、市场运行的主体——企业

（一）企业

企业是市场经济的主体，是现代经济社会的最基本单元。企业是从事生产、流通、服务等经济活动，为满足社会需要和获取盈利，依照法定程序成立的，具有法人资格、进行自主经营、独立享受权利和承担义务的经济组织。企业具有以下特点：

1. 经济性

企业是专门从事生产经营活动并以营利为目的的经济组织。它的基本目的是在市场上取得经济效益，追求经济性。企业只有在生产和销售过程中获得赢利，才能维持其生存和发展。

2. 独立性

现代企业必须自主经营、自负盈亏。由于企业是在市场上运作，面对的是优胜劣汰的激烈竞争，企业除了要加强内部管理外，还必须对社会和市场环境的变动及时主动地作出反应，即取得经营上的自主权。权利和义务是对等的，有了经营自主权，就要承担全部后果，即自负盈亏。

3. 合法性

现代企业必须依法设立，取得独立法人资格，能够独立享有法定权利和承担法定义务。除确定企业的具体组织形式外，现代企业的设立还应符合以下条件：

（1）必须依法正式在政府有关部门注册备案完成登记手续，依法取得相应的营业执照、税务登记证、组织机构代码等；

（2）应有专门的名称、固定的工作场所和确定的组织章程；

（3）应有一定的组织结构和独立的资产，实行独立核算；

（4）能独立对外开展经营活动，行使其法定权利，履行其法定义务，承担相应的民事责任。

辨一辨

以下组织是否是企业？

中国人寿保险公司	工商银行	第一高中学校
中华慈善总会	商务管理系学生会	公司总经理办公室
工商行政管理局	国家进出口商品检验局	山东省民政局

企业是社会生产力发展到一定阶段的产物，也是动态变化的经济单位，它随着人类社会的进步、生产力的发展、科学技术水平的提高而不断发展。现代企业的发展呈现出多样化形式，创造了极为丰富的社会财富。

资料链接

电子商务的神话

1999年，马云在杭州创建了一个名叫"阿里巴巴"的网站。那时，人们听到"阿里巴巴"时，第一反应大多是"阿拉伯故事里的那个快乐的青年"。

2009年，"电子商务"已成为很多企业经营者的必然选择，B2B、B2C、C2C……一串串陌生的名词渐渐为人们所熟知。

调查数据显示，截至2010年底，我国B2B企业已达9200家，B2C与其他电商模式企业已达15800家，而个人网店也已达到1350万家。

日益完善的电商平台，以及如雨后春笋般成立的个人网店，极大地繁荣了互联网经济，也创造了惊人的社会财富。

2009年，淘宝商城在"双十一"当天的销售额仅为0.5亿元；到了2010年，该数字便提高到9.36亿元；2011年，淘宝"双十一"的销售额已跃升到33.6亿元；2012年"双十一"当日，支付宝交易额实现飞速增长，达到191亿元，订单数达到1.058亿笔。2014年，天猫"双十一"全天成交金额甚至达到了571亿元。随着智能手机的发展，移动客户端成交交易额达到243亿元，物流订单2.78亿单，总共有217个国家和地区的人们投入到购物狂欢中。

（二）现代企业的类型

企业的种类多种多样，按照不同分类标准，可以将企业分为不同类别。

按企业所属行业，可简单地划分为工业企业和商业企业。更加详细的可以分为：（1）工业企业；（2）商业企业；（3）农业企业；（4）交通运输企业；（5）邮电企业；（6）建筑安装企业；（7）旅游企业；（8）金融企业；（9）其他服务性企业。

按企业规模（各国、各行业的标准不同），考虑企业的年销售额、投资额、生产能力、资产总额、员工人数等指标，可划分为：大型企业、中型企业及小型企业。

按企业所有制形式则可以划分为以下几个类别：（1）国有企业；（2）集体所有制企业；（3）私有制企业；（4）港澳台独资企业；（5）外商独资企业；（6）混合企业（合资、合作、股份公司）。

按照企业内部生产力各要素所占比重，可划分为：

（1）劳动密集型企业（纺织、服装、日用五金、儿童玩具等企业）；

（2）资金密集型企业（钢铁企业、重型机器企业、汽车制造企业、石油化工企业等）；

（3）技术密集型企业（计算机企业、电脑软件企业、飞机制造企业、技术咨询管理公司等）；

（4）知识密集型企业（如高科技企业等）。

按企业财产组织形式或企业的法律形式，可分为：（1）独资企业；（2）合伙企业；（3）公司制企业；（4）企业集团；（5）跨国公司。

总之，企业的类型多种多样，企业也可以按照实际情况将不同的分类标准同时应用在自己身上，实现利益最大化。

二、企业的经营与发展

企业经营与发展的目标是获得最大的利润。只有获得利润企业才能进行技术的研发、设备的更新、规模的扩大，才能增强企业的竞争能力和抗风险能力，为社会创造财富，解决就业问题。而企业能否经营成功，取决于很多因素。

（一）企业经营的目标

企业作为生产经营性的组织，以追求利润最大化为目标。

企业利润是企业销售产品的总收益减去生产成本的差额，利润是衡量企业生产经营活动效益状况的重要标志。

企业经济效益是企业一切经济活动的出发点，是衡量一切经济活动的最终综合指标。它指的是企业投入和产出的比例关系，即企业的生产总值和生产成本之间的比例关系。用公式表示为：

$$经济效益 = \frac{生产总值}{生产成本} = \frac{生产成本 + 利润}{生产成本}$$

在一定数量的人、财、物的消耗下，生产的产品和劳务越多，经济效益就越高；生产一定数量的产品和劳务，消耗的资源越少，经济效益就越高。企业经济效益的提高就是要降低企业的生产成本，以最少的资源消耗生产出最大量的商品和劳务。

知识链接

生产总值：指企业在一定期间内（通常是指1年）所生产出来的使用价值总量，用价值表示，就是企业的生产总值。

生产成本：指企业在生产过程中的人力和物力的消耗，用价值表示，就是企业的生产成本。

（二）企业提高经济效益的意义

首先，对企业自身来说，提高经济效益有利于增强企业生存、发展和在市场中的竞争能力。

其次，对国家和社会来说，只有提高经济效益才能充分利用有限的资源创造更多的社会财富，满足人民日益增长的物质文化需要。

再者，企业提高经济效益有利于繁荣市场，增强综合国力，尤其是提高国有大中型的企业经济效益有利于巩固公有制经济的主体地位，更好地发挥社会主义的优越性。

最后，对我们普通消费者来说，企业提高经济效益意味着创造出数量更多、品种更丰富、质量更好的商品，有利于我们生活水平的提高。

（三）提高企业的经济效益的途径

提高企业的经济效益，一要靠科技，二要靠管理。只有通过持续的科技进步和现代化管理，才能实现企业利润的稳定增长。

资料链接

海尔是20世纪中国出现的奇迹之一。一个亏损147万元的小厂，17年之后成为一个国际知名的大型企业集团，年销售额从1984年的384万元到2001年的600亿元，业绩增长了1万多倍，并保持年80%的平均增长速度。海尔的成功之路堪称中国企业发展史上的经典案例。那么，海尔为什么会如此成功？

海尔集团的总裁张瑞敏对海尔的发展提出了三个原则：顾客至上、科学管理、技术创新。

海尔的市场观念："市场唯一不变的法则就是永远在变""只有淡季的思想，没有淡季的市场""卖信誉不是卖产品""否定自我，创造市场"。

名牌战略：要么不干，要干就要争第一；国门之内无名牌。

质量观念：高标准、精细化、零缺陷，优秀的产品是优秀的人干出来的。

售后服务理念：用户永远是对的。

海尔发展方向：创中国的世界名牌。

依靠科学技术，采用先进的技术，用现代科学技术武装企业，提高职工的科学文化水平和劳动技能，使企业的经济增长方式由粗放型向集约型转变，这是现代企业提高经济效益最主要的方法和途径。科学技术水平的提高体现在两个方面：

一是先进的技术设备、先进的生产工艺。具备这个条件，企业才能降低成本消耗，提高劳动生产率，在相同的时间内生产更多的产品，进而提高经济效益。

二是企业劳动者的科学文化水平和技术水平的提高。只有这两个方面有机结合在一起，先进的设备和工艺才能发挥其作用，才能促使企业的经济增长方式由粗放型向集约型转变。

总之，"科学技术是第一生产力"，科学技术的进步对企业经济效益提高的作用是十分直接的。

资料链接

生命中的大石块

管理专家为一群商学院的学生讲课，他做了一个小试验。

专家拿出一个瓶子放在桌上。他取出一堆拳头大小的石块，把它们一块块地放进瓶子里，直到石块高出瓶口再也放不下了。他问："瓶子满了吗？"所有的学生答道："满了。"他反问："真的？"说着他从桌下取出一桶砾石，倒了一些进去，并敲击玻璃壁使砾石填满石块间的空隙。他又问道："瓶子现在满了吗？"这次学生有些明白了。"可能还没有。"一位学生答道。于是专家伸手从桌下又拿出一桶沙子，把它慢慢倒进玻璃瓶。沙子填满了石块的所有间隙。他又问："瓶子满了吗？""没满！"学生们大声说。然后专家拿过一壶水倒进玻璃瓶，直到水面与瓶口齐平。

这个例子告诉我们，如果你不先把大石块放进瓶子里，那么你就再也无法把它们放进去了。切记先去处理这些"大石块"，否则你可能会终生错过。

经济效益是企业一切经济活动的根本出发点。采用现代管理方法、提高经济管理水平是提高企业经济效益的主要方法，科学的管理也是现代企业制度的重要内容。企业经营中涉及产品结构调整、市场开发、人力资源配置、产品质量等一系列环节，在经济管理中，只有首先分清经营中的"大石块"并处理好，才能提高企业的经济效益。

科技和管理对于企业提高经济效益来说是不可分割、相互依赖、相互促进的。因为管理本身就是一种科学，提高管理水平也需要先进的科学技术和手段，而管理水平的提高也有利于先进技术的有效使用。所以，如果说提高经济效益是企业一切经济活动的根本出发点，是企业生产的最大目的的话，那么依靠科技和管理则是达到这一目的的两种方法和途径，它们是一致的。

（四）企业的经营策略

案例链接

小米公司是以研发、销售高性能发烧级智能手机为主的企业。自成立之初，小米手机就以超高的性价比成为手机发烧友们的追捧对象，小米公司也因此赚得金银满钵。2013年小米公司实现销售额70多亿元，成为国产手机领域的一枝独秀，小米公司也很快发展壮大起来。小米手机的骄人销售业绩主要得益于小米公司采取了"饥饿营销"的销售策略，该策略使得小米手机很快成为性价比高但又难以买到的手机，成为手机发烧友们的身份标识，市场需求不断增加。

小米公司的成功经验给公司经营者什么样的启示？

企业经营成功要制定正确的经营战略。只有企业战略定位准确才能紧跟时代潮流，抓住机遇，加快发展。

企业经营成功要提高自主创新能力，依靠技术进步、科学管理等形成自己的竞争优势。企业的竞争优势可以体现在产品价格、质量、服务水平、品牌效应等方面。企业竞争优势的取得依赖于企业的技术、较高的管理水平等。

案例链接

小米公司在全国设立了29家小米之家，同时又设立了390余家服务网点，保证了小米发烧友们可以随时随地享受高质量的服务。同时，小米还开设了微博、小米论坛等，让"米粉"们可以在网上反馈使用中遇到的问题和提出好的改进意见，受到了消费者的一致好评。

小米公司如此注重商品和服务的质量给公司经营者什么样的启示？

企业经营取得成功还要诚信经营，树立企业良好的信誉和形象。企业信誉和形象是企业的无形资产，渗透于企业的生产经营和管理的每一个环节，并通过产品和服务形成企业的竞争优势。企业是否诚信关系到企业经营的成败。

案例链接

老字号的变迁

材料一：创立于1669年的同仁堂，虽经历300多年的时代变迁和风风雨雨，但"炮制虽繁必不敢省人工，品味虽贵必不敢省物力"的祖训始终不变。这使得同仁堂数百年不衰，并获得"天下第一中药店"的殊荣。

材料二：据报道，著名百年老字号"南京冠生园"用上一年的陈馅生产月饼，欺骗消费者。此事被曝光后，在社会上引起强烈反响，一夜之间企业的声誉扫地，不久便被迫申请破产。

同仁堂百年不衰与冠生园一夜破产说明了什么？

市场竞争中，经营管理不善的企业会被兼并或面临破产。

资料链接

材料一：联想收购IBM个人电脑业务。2004年12月18日，联想和IBM宣布达成协议，联想将收购IBM全球个人电脑（台式电脑和笔记本电脑）业务。新联想将成为全球个人电脑行业的第三大供应商。

材料二：吉利15亿美元"迎娶"沃尔沃。2010年8月2日，浙江吉利集团有限公司以15亿美元正式完成对福特汽车公司旗下沃尔沃轿车公司的全部股权收购。沃尔沃，英文名为Volvo，瑞典著名汽车品牌，又译为富豪。该品牌汽车被认为是目前世界上最安全的汽车。沃尔沃汽车公司是北欧最大的汽车企业，也是瑞典最大的工业企业集团，世界20大汽车公司之一。"新媳妇"沃尔沃不但漂亮，而且还带来了可观的嫁妆，包括9个系列产品、3个最新平台、全球2000多个销售网点，难以估值的人才和品牌价值，以及重要的供应商体系。这次收购有效地提高了吉利集团的世界知名度，增强了企业实力，提高了市场占有率。

兼并是指企业之间为增加市场竞争力、获取更大经济效益，而实行的合营或合并。大企业之间的联合通常叫作"强强联合"，即优＋优。

经营管理好、经济效益好的优势企业，兼并那些相对劣势的企业，可以扩大优势企业的规模，增强优势企业的实力。企业兼并还可以以优带劣，把劣势转化为优势，提高企业和整个社会资源利用效率，有利于促进国家经济的发展。所以，人们常常把兼并的这一积极效果比喻为"1+1>2"。

想一想

对于企业兼并，弘毅投资总裁赵令欢在达沃斯论坛上的一番话很有道理。他说："一是企业并购动机要单纯，不能因为贪便宜或是手中有钱就并购。二是应做好充分准备，不要超出自己的整合能力。"

是否任何兼并都有利于企业发展？

企业的破产是对长期亏损、资不抵债而又扭亏无望的企业，按法定程序实施破产结算的经济现象。对于企业来说，破产制度有利于强化企业的风险意识，促使企业在破产的压力下改善经营管理，提高企业竞争力；从社会的角度看，破产制度有利于社会资源的合理配置和产业结构的合理调整。

资料链接

三鹿集团破产

三鹿集团的前身是 1956 年 2 月 16 日成立的"幸福乳业生产合作社"，其一度成为中国最大奶粉制造商，奶粉产销量连续 15 年居全国第一。2008 年 8 月，三鹿产品爆发三聚氰胺污染事件，导致企业声誉急剧下降。2008 年 12 月 24 日，三鹿集团被法庭颁令破产。2009 年 2 月 12 日，石家庄市中级人民法院正式宣布三鹿集团破产。

"三鹿破产"谁之过？各方人士对此说法不一：有人固执地将其破产的原因归于媒体的曝光，是"他杀"；也有人说这是企业丧失信誉的必然结果，属"自杀"。

虽然说公司经营管理不善会被兼并或面临破产，但兼并与破产是不一样的，所以，国家的政策是鼓励兼并，规范破产。

三、企业中的劳动者

（一）人力资源是第一资源

世界上的资源可分为人力资源、自然资源、资本资源和信息资源四大类。人力资源是指一个国家或地区所具有的为社会创造物质、精神和文化财富，从事智力劳动和体力劳动的人口的总称。毛泽东同志说过："世间一切事物中，人是第一个可宝贵的，一切物的因素只有通过人的因素才能加以开发利用。"因此，人力资源是世界上最为重要的资源，也是第一资源。

人力资源是企业发展的最重要资源。人力资源对生产力的发展起着决定性的作用，对企业经营战略的实施起着保证作用。能否在竞争日趋激烈的环境中生存和发展，关键在于企业是否具备核心竞争力，而核心竞争力主要来自于企业中的人力资源。高素质的劳动者是企业核心竞争力的关键所在，不断提高劳动者素质是企业长盛不衰的保证。

> **名人名言**
>
> 任何一个民族，如果停止劳动，不用说一年，就是几个星期，也要灭亡。
>
> ——马克思

> **名人名言**
>
> 把我们顶尖的 20 个人才挖走，那么我告诉你，微软将变成无足轻重的一家公司。
>
> ——［美］比尔·盖茨

资料链接

三百六十行，行行出状元

深圳很多企业到全国各地去招聘高级钳工，即使开出了 6600 元的月薪，也未能如愿招到合适的人才。招聘者不由得发出"好钳工比研究生还难找"的感叹。

青岛一家制造公司急需一名具有丰富经验的高级模具技工，在招聘会上开出了年薪 16 万元的"天价"，最终也因面试者寥寥而没有下文。

上海有关部门对 60 余家企业进行的调查表明，在企业的技术工人中，高级技师的比重仅占 0.1%，技师和高级技工也仅仅各占 1.1% 和 6.1%……高级技术工人的缺口不仅集中在机械、建筑、印刷等传统行业，更大量集中在电子信息、环保工程、工艺美术等高新技术产业。仅软件行业的高级技术工人的缺口就高达 42 万人。

我国城镇共有 1.4 亿职工，其中技术工人只占一半。在技术工人中，初级工所占比例高达 60%，中级工比例为 35%，而高级工只占其中的 5%。而发达国家的情况正好相反，技术工人中高级技工的比例超过 35%，中级工占 50% 以上，初级技工只占不到 15%。这种反差不能不引起我们的重视。

工人技术素质低已在一定程度上影响了企业的竞争力。专家表示："目前我国的企业产品平均合格率只有70%，不良产品造成的每年损失近两千亿元。在近几年企业发生的各种事故中，有一半以上都是因为职工岗位意识不强、岗位技能不高造成的。"

（二）努力成为高素质劳动者

当前我国就业形势严峻，突出表现在：就业人数日益增多；劳动者的素质和就业岗位差距较大；劳动力供大于求的矛盾长期存在等。

劳动就业关系国家稳定和发展的大局。国家应积极实施和完善各项就业发展战略，支持自主创业。每个劳动者也应通过自己的努力成为高素质劳动者，为此，要做到：确立职业理想，制定切实可行的职业生涯规划；培养道德品质，养成良好的行为习惯；学好专业知识，提高职业技能；掌握合适的学习方法，培养自学能力；提高身体健康水平，增强心理素质。

体验与践行

一、据报道，青岛有一家民营企业，开发出科技含量很高的环保型"果冻蜡""水晶蜡""魔术蜡"等"科技蜡烛"，畅销欧美市场，每支获利近两美元，三支蜡烛抵得上一台大彩电的利润，仅蜡烛出口创汇两年就达2500多万美元。

该公司靠什么取得成功的?

二、肯德基通过多年的探索，有效地运用本土化战略避免了水土不服和文化差异，确立了以满足中国消费者需求为核心的营销战略。肯德基将中国的均衡膳食健康理念运用到产品的开发上，在烹制上突破油炸，推出"烤""煮""凉拌"等制法，改进产品营养成分，推出了16种不同的植物类产品及多种中式新产品。肯德基管理体系划分科学，标准化体系保障可靠。这一切都使肯德基的食品品质和服务质量被我国消费者广泛熟知，使其成为"顾客最常惠顾"的知名品牌。

结合材料，说说肯德基成功的奥秘在哪里。

三、材料分析

2008年10月21日，考黑龙江；11月23日，考深圳；11月30日，考中央机关；12月14日，考江西；12月27日，考上海。

2009年1月19日，考福建；2月21日，考浙江；3月1日，参加江西的面试；3月22日，考江苏；3月28日，考广西；4月底，考四川；5月，考广东……

这是一位考生的考"碗"日历。考公务员，越来越成为很多大学生的必走之路；"考霸"，正成为他们新近获得的一个响亮外号。

请分析大学生情愿做"炮灰"也要考公务员的原因。

第三节 个人收入与理财

一、我国的收入与分配制度

生产决定分配，生产资料所有制结构决定分配方式。社会主义初级阶段，我国实行公有制为主体，多种所有制经济共同发展的基本经济制度，就决定了必然实行按劳分配为主体，多种分配方式并存的分配制度。

（生产资料归谁所有）
我国的所有制结构

以公有制为主体 → 多种所有制经济共同发展

共同富裕

以按劳分配为主体 → 多种分配方式并存

我国的分配制度
（产品如何分配）

所有制结构决定分配方式

（一）按劳分配为主体

按劳分配是社会主义制度下公有制经济领域个人消费品分配的基本原则。公有制在我国国民经济中占主体地位，决定了按劳分配在我国分配领域的主体地位。按劳分配是指在社会主义公有制的范围内，劳动者向社会提供劳动，社会以劳动为尺度，向劳动者分配个人消费品，实行多劳多得，少劳少得。

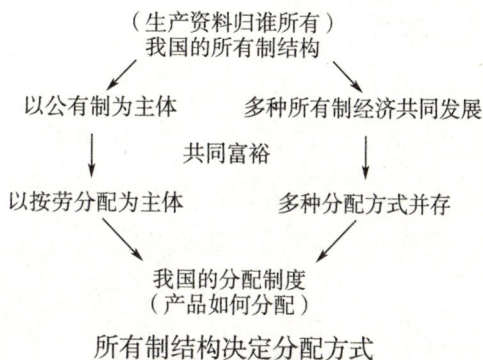

资料链接

猎人与狗

猎人买来几条猎狗，凡是能够在打猎中捉到兔子的，就可以得到几根骨头，捉不到的就没有饭吃。

就这样过了一段时间，问题出现了。大兔子非常难捉到，小兔子好捉。但捉到大兔子得到的奖赏和捉到小兔子得到的骨头差不多，猎狗们善于观察，发现了这个窍门，专门去捉小兔子。慢慢地，大家都发现了这个窍门。猎人对猎狗说最近你们捉的兔子越来越小了，猎狗们说："反正没有什么大的区别，为什么费那么大的劲去捉那些大的呢？"

猎人经过思考后，决定不将分得骨头的数量与是否捉到兔子挂钩，而是采用每过一段时间就统计一次猎狗捉到兔子的总重量的方法，按照总重量来评价猎狗，决定其在一段时间的待遇。

猎狗们都很高兴，大家都努力去捕捉野兔，兔子的重量增加了。

实行按劳分配，是由我国现实的经济条件决定的。生产资料公有制是实行按劳分配的前提，社会主义公有制生产力的发展水平是实行按劳分配的物质基础，社会主义条件下劳动的性质和特点是实行按劳分配的直接原因。

实行按劳分配，劳动者的个人收入同自己付出的劳动的数量和质量联系在一起，有利于充分调动劳动者的积极性和创造性，激励劳动者努力学习科学技术，提高劳动技能，从而促进社会主义社会生产力的发展。按劳分配否定了剥削制度，体现了劳动者共同劳动、平等分配的社会地位。

（二）多种分配方式并存

案例链接

中国的比尔·盖茨

中国科技大学6名学生，其中包括博士生2人，硕士生1人，本科生3人，参与研制的中文语言合成技术，可与IBM国际语音识别技术媲美或互补，由此诞生了我国首台"能听会说"汉语的电脑。他们得到总计668.85万元的技术股权奖励。

这属于哪一种分配方式？你认为将会产生什么样的影响？

按个体劳动者劳动成果分配：个体劳动者个人占有生产资料，独立从事生产经营活动，其劳动成果扣除成本和税款后直接归劳动者所有，构成他们的个人收入。

生产要素按贡献参与分配：发展社会主义市场经济，还要健全土地、劳动、资本、技术、管理等生产要素按贡献参与分配的制度。生产要素所有者凭借对生产要素的所有权参与收益分配。对市场经济条件下各种生产要素所有权存在的合理性、合法性的确认，体现了国家对公民权利的尊重，对劳动、知识、人才、创造的尊重，让一切创造社会财富的源泉充分涌流，以造福于人民。

知识链接

1. 按劳动要素分配：一般指在私营企业和外资企业中，劳动者所获得的工资收入。

2. 按资本要素分配：包括私营企业主生产经营取得的税后利润，债权人取得的利息收入、股息分红，以及债券、股票交易收入等。

3. 按技术要素分配：指科技工作者提供新技术取得的收入。

4. 按管理要素分配：指企业的管理人才凭借其管理才能在生产经营中的贡献

而参与分配的形式。

5. 按土地要素分配：指出租土地、房屋取得的收入。

（三）收入分配与社会公平

收入分配的公平，主要表现为分配的相对平等，即要求社会成员之间的收入差距不能过于悬殊，要求保证人民的基本生活需要。公平的收入分配有助于协调人们之间的经济利益关系，实现经济发展、社会和谐。

知识链接

基尼系数

所谓"基尼系数"，是指国际上用来衡量居民收入分配差异的一个指标。联合国有关组织规定：若基尼系数低于 0.2，表示收入绝对平均；0.2—0.3 表示比较平均；0.3—0.4 表示相对合理；0.4—0.5 表示收入差距较大；0.6 以上表示收入差距悬殊。联合国把 0.4 作为基尼系数的警戒线，如果超过这个系数，表示收入差距较大，有可能引发社会动荡等严重问题，提醒相关国家尽快采取措施，扭转收入差距过大的状况。

资料链接

据《中国改革》杂志报道，我国目前城镇最高与最低收入 10% 家庭间的人均收入差距约 31 倍。城乡合计，全国最高与最低收入 10% 家庭间的人均收入差距约 55 倍。

坚持和完善按劳分配为主体，多种分配方式并存的分配制度，为实现社会公平，形成合理有序的国民收入分配格局提供了制度保障。

增加居民收入，提高居民收入在国民收入分配中的比重、劳动报酬在初次分配中的比重，努力实现居民收入和经济发展同步、劳动报酬增长和劳动生产率提高同步，是实现社会公平的重要举措。这有利于理顺国家、企业和个人三者之间的分配关系，实现发展成果由人民共享，也有利于合理调整投资与消费的关系，促进经济社会协调健康发展。

再次分配更加注重公平是实现社会公平的另一重要举措。应加大再分配调节力度，健全以税收、社会保障、转移支付为主要手段的再分配调节机制，着力解决收入分配差距较大的问题。规范收入分配秩序，把收入差距控制在一定范围之内，防止出现严重的两极分化。保护合法收入，增加低收入者的收入，调节过高收入，取缔非法收入。

知识链接

　　初次分配：主体包括国家、企业、个人。国家参与初次分配的方式主要是生产环节的税收；企业主要以基金形式留归企业支配，用于企业发展生产、集体福利、职工奖励等方面；个人包括企业和单位发放的工资、福利、保险等。

　　再分配：是指在初次分配的基础上，政府通过税收、政策、法律等措施，调节各收入主体之间现金或实物的分配过程，也是对要素收入再次调节的过程。如社会保障一类的财政支出。

（四）正确处理效率和公平的关系

　　实现经济、社会和谐发展必须重视促进"公平"；而经济要发展，效率必须提高。

　　效率是经济活动中产出与投入的比率，它表示资源有效利用的程度。效率提高意味着资源的有效利用和社会财富的增加。

　　社会主义市场经济条件下，效率与公平具有一致性。一方面，效率是公平的物质前提。社会生产力的发展、经济效率的提高、社会财富的增加是逐步实现社会公平的基础；没有效率作为前提，只会导致平均主义和普遍的贫穷。另一方面，公平是提高效率的保证。只有社会分配公平了才能激发劳动者的积极性，提高经济效率。

　　社会主义市场经济下，要不断完善分配制度，规范分配秩序。初次分配和再分配都要处理好效率和公平的关系，既要提高效率，又要促进公平；既要反对平均主义，又要防止收入差距悬殊；既要落实分配政策，又要提倡奉献精神。在鼓励人们创业致富的同时，倡导回报社会和先富帮后富，逐步走向共同富裕。

二、税收与公民依法纳税

　　税收是国家财政收入的主要来源之一。国家用收来的税款发展经济、科技、教育、文化和国防等事业，用以不断提高人民的物质和文化水平，保卫国家安全。在日常生活中，我们处处都能感受到税收带来的便利，漂亮的公园，宽阔的大道，美丽的校舍，各种大型的公共设施等，都是税收的功劳。

案例链接

　　小明老爸买彩票中得20万大奖，他到体彩中心领奖金，但只领到16万。他有几个困惑：4万元去哪儿了？4万元税款不缴行不行？缴了4万元税后，对他个人有直接的好处吗？能不能与体彩中心商量下，把税率降低点，少缴点税？

（一）税收及其特点

在我国，税收已经有 4000 多年的历史了。追根溯源，税收的历史跟国家一样久远。

知识链接

> 在汉语中，"税"字由"禾"和"兑"两字组成。"禾"指农产品，"兑"有送达的意思。英文中的"税"是"tax"，意指为公共目的向政府支付货币。

税收就是国家为实现其职能，凭借公共权力，按照法律所规定的标准和程序，参与国民收入分配，强制地、无偿地取得财政收入的基本形式。

税收具有强制性、无偿性和固定性的特征，这是税收区别于其他财政收入形式的主要标志。

税收具有强制性。国家凭借政治权力强制征税。纳税人必须依法纳税，税务机关须依法征税。

案例链接

只为一元税款，行政拘留 15 天

1998 年 9 月，河北省石家庄矿区个体水果摊主马某为拒缴区区一元税款而对一名年近六旬的街道助征干部大打出手，被矿区地税局治安室和当地派出所干警联合抓获。为维护税法尊严，当地派出所对其作出了补缴税款并行政拘留 15 天的处罚决定。

税收具有无偿性。国家取得税收收入，不需要返还给纳税人，也不用付出任何代价。

名人名言

> 所谓赋税，就是国家不用付任何报酬而向居民取得东西。
>
> ——列宁

税收具有固定性。国家在征税之前，以法律的形式预先规定征收对象和税率，不经国家有关部门批准，任何人、任何单位不能随意改变。

近几年我国税收改革大事记

2008 年 3 月 1 日，个人所得税起征点从 1600 元上调至 2000 元；2011 年 9 月 1 日起，个人所得税起征点从 2000 元上调至 3500 元。

2008 年 10 月 9 日起，暂免征储蓄存款利息税。

2009 年 1 月 1 日起，在全国所有地区、行业推行增值税转型改革（将小规模纳税人增值税率统一调低至 3%）。

2010 年 1 月 25 日，拟定车船税的调整草案，打破以往大车小车征税一刀切的做法，按排量划分七个梯度。

2010 年 10 月 1 日起，个人购买 90 平方米内家庭唯一普通住房，按 1% 征收契税；购买 90—144 平方米内家庭唯一普通住房，按 1.5% 征收契税；购买 144 平方米以上家庭唯一住房，按 3% 征收契税；购买非家庭唯一住房，无论面积大小，均按 3% 税率征收契税。

上述现象是否违反税收的固定性？为什么？

税收的三个基本特点是紧密相连、不可分割的。无偿性要求税收具有强制性，强制性是无偿性的保障；强制性和无偿性决定了税收必须具有固定性。国家不可以随意征税，必须按照法律规定征税。

（二）税收的种类和职能

1. 税收的种类

根据征税对象不同，目前我国税收可划分为流转税、所得税、资源税、财产行为税和特定目的税五大类，共二十多种。

	流转税	所得税	资源税	财产行为税	特定目的税
征税对象	以商品交换的交易额和劳务收入额为征税对象	以各种所得额为征税对象	以开发利用特定自然资源为征税对象	以拥有或支配的财产为征税对象	以特定目的为征税对象
主要税种	营业税 增值税 消费税 关税	企业所得税 个人所得税	矿产税 城镇土地使用税	房产税 车船税 印花税 契税 屠宰税	城市维护建设税 土地增值税 教育费附加

其中，增值税和个人所得税是影响很大的两个税种。

增值税是我国的第一大税种，2008 年国内增值税收入占我国税收总收入的

33.45%，是我国税收家族中的顶梁柱和大哥大。

所得税是以企业与个人的所得和收益为征税对象的一种税。所得税对所得多的多征，所得少的少征，无所得的不征，能够有效地缩小社会贫富差距，促进社会公平。个人所得税不仅是国家财政收入的重要来源，而且是调节个人收入分配、实现社会公平的有效手段。

知识链接

	增值税	个人所得税
征税以象	生产经营中的增值额	个人所得额
纳税人	在我国境内销售货物或者提供加工、修理修配劳务及进出口货物的单位和个人	在我国境内有住所或者无住所而在境内居住满一年，从我国境内外取得所得的个人，以及在我国境内无住所又不居住或居住不满一年而从我国境内取得所得的个人
计税方法	比例税率为17%（举例）	按应税项目不同，分别实行超额累进税率和比例税率（20%）
特点	避免重复征税；防止前一生产经营环节企业的偷漏税行为	实行超额累进税率。纳税人所得越高，税率越高；所得越低，税率越低
作用	促进生产专业化，体现公平竞争；保证财政收入的稳定增长	是国家财政收入的重要来源，也是调节个人收入分配、实现社会公平（建设和谐社会）的有效手段

2. 税收的职能

随着社会经济的不断发展变化，税收的职能作用也在不断扩大，现在税收主要有筹集收入、调控经济、调节分配三大职能。

（1）税收是财政收入的最主要、最有效、最可靠的来源，我国的税收收入占国家财政收入的90%以上。

（2）税收是调控经济运行的重要手段。国家可以通过税收法律、法规、政策来确定征与不征，征多征少，从而调控经济总量，调整产业结构、产品结构，调节地区、行业差距，引导社会资源的有效配置。再如，税收可引导消费，保护资源和环境等。

（3）税收是调节收入分配的重要工具。比如通过开征个人所得税就可以较为合理地调节个人收入，收入多的多缴，收入少的少缴。这样就能在一定程度上缩小贫富差距，缓解社会分配不公，促进社会公平与和谐。

知识链接

税收三大管家

1. 在我国部分地区，契税、耕地占用税由财政部门征收和管理。

2. 国家税务总局是国务院主管税收工作的主要部门。

3. 海关总署主要负责关税和船舶吨税的征收，同时负责代收进口环节的增值税和消费税。

（三）依法纳税

我国《宪法》第 56 条规定：中华人民共和国公民有依照法律纳税的义务。现代国家公民意识的一个重要标准就是法律意识，对税法的遵从度是一个国家文明程度和国民素质高低的反映。

个人可以买得起一辆汽车，但是无法构筑四通八达的交通网；可以在家里安装华丽的吊灯，但无法照亮整个城市；可以用防盗网来抵挡小偷，却无法保障整个国家的安全……从国家管理到社会生活的许多领域，个人是无法担负的。税收连着你我他，我们不仅要学税法、知税法，还要积极参与宣传税法，增强纳税的荣誉感和税法的遵从度，营造依法诚信纳税的良好社会氛围。

税收是国家为了公共需要而征收的，我国税收取之于民，用之于民。国家各项职能的实现，必须以税收作为物质基础。每个公民在享受国家提供的各种服务的同时，必须承担义务，自觉诚信纳税。公民自觉诚信纳税，既是履行应尽的义务，也是对国家、社会的一种贡献。

生活中存在很多违反税法的行为：

（1）偷税是指纳税人采取欺骗、隐瞒的方式，如伪造、变造、隐匿、擅自销毁账簿、记账凭证，在账簿上多列支出或者不列、少列收入，或者采取虚假的纳税申报手段，不缴或者少缴应纳税款的行为。

（2）欠税指纳税人超过税务机关核定的纳税期限，没有按时缴纳而拖欠税款的行为。

（3）骗税指纳税人用欺骗的手段获得国家税收优惠的行为。

（4）抗税是指纳税人以暴力、威胁方法拒不缴纳税款的行为。

案例链接

1. 据《财经》报道：北京地税局查获，从 1996 年开始，刘晓庆公司采取不列、少列收入，多列成本进行虚假纳税申报等手段不缴所得税、营业税、城市维护建设税等各种税款，总金额 196 万元。

2. 某房地产开发公司总裁觉得上缴税款没有回报，因而自 2008 年 10 月以来迟迟不缴税款总计达 690 万元。

3. 河北某进出口公司假借一般贸易方式和委托加工方式假报出口，骗取国家税款 1.93 亿元。

4. 当税务干部张某到东沃面包店征收税款时，店主妻子李某大喊大叫，拒不缴纳并拿起刀向张某连砍两刀。

以上分别属于哪种违反税法的行为?

对违反税法行为的处理方式包括批评教育、强行征收、罚款、行政、拘留、加收滞纳金和追究刑事责任。

因此，我们应自觉诚信纳税，反对任何违反税法的行为。公民要增强对国家公职人员及公共权力的监督意识，关注国家对税收的征管和使用，对不良行为进行批评和检举，以维护人民和国家的根本利益。

三、个人投资与理财

收入微薄的居民往往把发财致富当成遥不可及的远大梦想。其实，财富并非与生俱来，富翁并非先天确定。只要我们手中有一把打开宝藏的钥匙——投资之术、理财之道，那么财富就在眼前。随着市场经济的发展，人们的金钱观正发生着深刻的变化，个人投资和理财正成为一种崭新的社会时尚。简而言之，投资就是以钱赚钱的活动。个人投资就是个人为主体，把个人多余的或借贷来的资金投入自己感兴趣的行当，使之"滚雪球"，用一笔小钱赚回大笔财富。个人理财就是管理自己的财富，进而提高财富的效能。

根据美国财务专家连续 68 年的观察统计，人生 80%—90% 的财富来自于正确的资产配置:

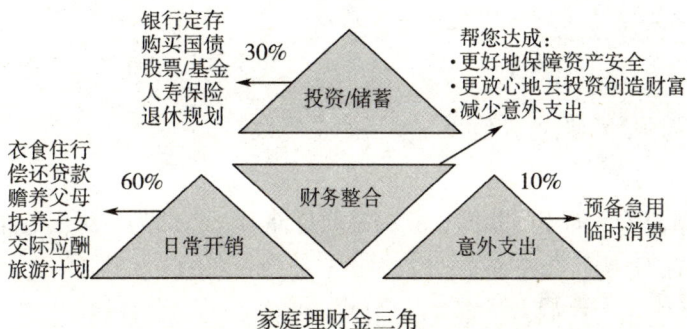

银行定存
购买国债
股票/基金　　30%
人寿保险
退休规划

帮您达成:
· 更好地保障资产安全
· 更放心地去投资创造财富
· 减少意外支出

投资/储蓄

衣食住行
偿还贷款　　60%
赡养父母
抚养子女　　财务整合　　10%
交际应酬
旅游计划　　日常开销　　意外支出　　预备急用
　　　　　　　　　　　　　　　　　　临时消费

家庭理财金三角

（一）储蓄存款和商业银行

1. 储蓄存款

案例链接

　　高中生小强的爸爸刚刚收到 20 万元收入，就决定拿出 4 万元作为教育投资存入银行，以备小强上大学需要钱。爸爸为了锻炼小强，就让小强到银行以自己的名义开户存钱。周末早上 10 点，小强带着 4 万元来到中国人民银行，却没存成钱，只好回家。

　　小强没办成存款的原因是什么？

　　储蓄存款是指居民个人将属于其所有的人民币或外币存入储蓄机构，储蓄机构开具凭证，个人依据凭证可以支取存款本金和利息，储蓄机构依照规定支付存款本金和利息的活动。我国储蓄存款的机构主要是商业银行，还包括信用合作社和邮政企业。

知识链接

　　《中国人民银行法》第 2 条规定："中国人民银行是中华人民共和国的中央银行。中国人民银行在国务院领导下，制定和实施货币政策，对金融业实施监督管理。"这一规定，确立了中国人民银行的中央银行地位，明确了中国人民银行的两大政府职能，即制定和实施货币政策，对全国金融业实施监督管理。中国人民银行是发行的银行、政府的银行和银行的银行。中国人民银行不办理企业和个人的存贷款业务。

　　我国对公民存款储蓄的原则是：存款自愿、取款自由、存款有息、为储户保密。我国银行储蓄实行实名制，居民存款需出示有效证件。

案例链接

　　当小强回家拿了身份证走进中国工商银行大厅时，等候存款的大人有 30 多个。小强想：真是可怜天下父母心。原来这些人的存款目的和我爸爸一样啊！

　　小强的想法对不对？人们存款的目的是什么？

　　人们参加储蓄的目的不尽相同。有的是教育储蓄，有的为了买房买车，有的是为了体面养老，也有的是为了资金安全。

　　因"新三座大山"而储蓄，是我国居民储蓄不断增加的原因。

案例链接

> 等了三十多分钟，终于轮到小强了。营业员问他："请问您是存活期还是定期？"小强心想，这个爸爸没告诉我呀！
>
> **小强这4万元是存活期划算还是存定期划算？请说明理由。**

储蓄存款能获得利息。储蓄存款利息是银行因为使用储户存款而支付的利息，是本金的增值部分。影响存款利息多少的因素有本金、利息率、存款期限。

利息（税前）＝本金 × 利息率 × 存款期限

知识链接

利　率

利率，是利息率的简称，是一定期限内利息与本金的比率。

利率的表示方法有：年利率　百分数

月利率　千分数

日利率　万分数

年利率＝月利率 ×12 月＝日利率 ×360 天

储蓄存款利率由中国人民银行拟定，国务院批准后公布，储蓄机构须挂牌公告存款利率，不得擅自变动。

储蓄存款的种类主要有活期存款和定期存款两大类。活期储蓄是储户可以随时存入和提取，不规定存期，存款的金额和次数不受限制的储蓄方式。定期储蓄是事先约定期限，存入后不到期限一般不得提前支取的储蓄方式。因银行信用较高，二者都是一种风险较低、较为安全的投资方式，可获得利息。作为投资方式，活期储蓄流动性强，灵活方便，但收益较低，通货膨胀的情况下，存款会贬值；定期存款提前支取会有损失利息的风险。

2.我国的商业银行

商业银行是指经营吸收公众存款、发放贷款、办理结算等业务，并以利润为主要经营目标的金融机构。我国商业银行以国家控股银行为主体，是我国金融体系中最重要的组成部分。

商业银行有以下主要业务：

第一，存款业务。存款业务是商业银行的基础业务，指商业银行以一定的利率和期限，向社会吸收资金，并且按规定还本付息的业务。存款业务是商业银行最重要的资金来源，是进行贷款等其他业务的基础。吸收存款的两个主要来源是：企事业等单位的存款和城乡居民的储蓄存款。

第二，贷款业务。贷款业务是商业银行的主体业务，指商业银行以一定的利率和期限向借款人提供货币资金，并要求偿还本金和利息的行为。这是银行利润的主要来源。按照贷款用途，贷款可以划分为工商业贷款和消费者贷款。贷款时银行要评估借款人的信用状况，根据评估结果决定是否发放贷款。

案例链接

张先生到银行申请买车贷款，银行工作人员从电脑中提取他的资信情况后告知，他现在无法办理银行贷款。原来四年前他办理了住房贷款，有几次没有按照银行贷款合同如期还款，造成信用不良记录，致使近期内无法从银行贷到任何款项。

第三，结算业务。结算业务是商业银行为社会经济活动中发生的货币收支提供手段与工具的服务。银行对此项业务收取一定的费用。

第四，其他业务。银行业务还包括债券买卖及兑付、代理买卖外汇、代理保险、提供保险箱服务等。

知识链接

银行在国家经济发展中所起的作用是蓄水池、晴雨表和监督站。

银行为国家经济建设筹集和分配资金，是再生产顺利进行的纽带；银行能够掌握反映社会经济活动的信息，为企业和国家作出正确的经济决策提供必要的依据；通过银行对国民经济各部门和企业的生产经营活动进行监督和管理，可以优化产业结构，提高国民经济效益。

（二）股票、债券和保险

除银行存款外，股票、债券和保险等投资方式也是个人投资与理财的选择。

案例链接

上大学后，在朋友的帮助下，小强到证券市场开了户头，并用8万元买来某公司的股票。刚过三天，股票价格上涨，小强就赚了4000元；又过了一段时间公司进行年度派息分红，又进账1000元。小强很兴奋，决定在股市好好遨游一番。半年过去了，却传来了该公司经营不善的消息，小强持有的股票一路下跌，不仅赚来的钱全赔进去了，本金 8 万元也开始亏损。

公司为什么发行股票？小强赚到的 4000 元收入包括哪几部分？投资股票一定能赚钱吗？

股份有限公司发行股票是筹集资金的一种重要方式，股票是股份有限公司在筹集资金时向出资人出具的股份凭证。

股票对发行的企业来说，是筹集资金的一种形式，是债务；对持股的股东来说，是入股凭证，是一种投资，是取得收入的有价证券。一般地讲，投资股票的收入包括两部分：一部分是股息和红利收入，其来源于企业利润，公司有盈利才有收入，如果公司经营不善或破产倒闭，股东不但不能获得收入，反而要赔本，这就是购买股票的一种风险；投票股票的另一部分收入来源于股票价格升值带来的差价，股票价格受众多因素影响，其波动有不确定性，价格波动的不确定性越大，投资风险就越大。

🔍 案例链接

小强作为股东参加了该公司的股东大会。在大会上，小强参与了公司一项重大决策的投票表决。小强考虑到股市的风险，特向公司提出退还股票的想法。但该公司却告诉小强……

公司股东拥有哪些权利？公司会同意退还股票吗？

股东的基本权利包括参加股东大会、投票表决、参与公司的重大决策，收取股息或分享红利等。股票购买后，不能退回发行公司取回资金，但可以转让。经国家证券管理部门和证券交易所同意后，股票一般可以在股票市场上流通买卖。

在我国，并不是所有的股份有限公司都是上市公司，因而并不是所有股份有限公司的股票都能上市交易。只有经过申请并符合一定条件，并经过政府证券监管部门的批准，才能上市，即在证券交易所进行买卖。

🔍 案例链接

小强出售了手中的股份，虽然亏了一些钱，但总算收回了大部分的钱。但小强又想寻找更稳健一点的，比银行利息高一点的投资方式，于是他想到了债券。可选哪一种，小强又为难了。

债券是什么？我国有哪些债券？

发行债券是政府或企业募集资金的另一种重要方式。债券是一种债务证书，即筹资者给投资者的债务凭证，承诺在一定时期支付约定利息，并到期偿还本金。根据发行者不同，债券可以分为国债、金融债券和企业债券。

国债是中央政府为筹集财政资金而发行的一种政府债券，是中央政府向投资者出具的、承诺在一定时期支付利息和到期偿还本金的债务凭证。国债以中央政府的信誉为担保、以税收作为还本付息的保证，因此风险小。

金融债券是由银行和非银行金融机构发行的债券。

企业债券是企业依据法定程序发行，在一定期限内还本付息的债券。企业债券以企业自身的经营利润作为还本付息的保证，是一种风险较大的债券。

知识链接

债券和股票比较

		债券	股票
不同点	性质不同	债务证据，限期偿还	入股凭证
	受益权不同	定期收利息，不承担经营风险	取得股息红利，经营好坏决定着股票的效益
	偿还方法不同	有明确的付息期限，必须偿还本金	股票不能退，只能出卖
相同点	都是有价证券 都是集资的手段 都是能获得一定收益的金融资产		

国债、金融债券和企业债券比较

	区别				联系
	发行主体	风险状况	收益情况	流通性能	
国债	中央政府	风险最小（以税收为还本付息的保证）	利率高于储蓄，低于金融债券和企业债券	最强	都是债券，都是债务凭证，都是到期还本付息
金融债券	金融机构	风险比政府债券大，比企业债券小	利率高于政府债券，低于企业债券	较强	
企业债券	企业	风险最大（以自身经营利润为还本付息的保证）	收益最高	最差	

案例链接

一名中学生家长为该学生年初在中国人寿保险公司广州分公司投保人身意外伤害保险，交付保险费50元，保险期限为一年。同年3月19日，该学生因交通事故受伤，住院近1个月，花费医疗费用1.2万元。保险公司对事故进行核定后，按照保险合同的约定，付给该学生保险金6400元。

该学生购买的是商业保险还是社会保险？如果是商业保险又属于哪一类？

商业保险指投保人根据合同约定，向保险人支付保险费，保险人对于合同约定的可能发生的事故因其发生所造成的财产损失承担赔偿保险金责任，或者当被保险人死亡、伤残、疾病或者达到合同约定的年龄期限时，承担给付保险金责任的行为。

我国只有依法成立的保险公司才能经营保险业务，其他单位和个人均不得经营保险业务。商业保险分为人身保险和财产保险两大类。人身保险以人的寿命和身体为保险对象，比如人寿险、健康险等。财产保险以财产及其相关利益为保险对象，比如汽车保险等。近几年国内保险市场出现了如分红保险的新险种，随着保险品种的多样化，保险的功能会越来越多。

（三）科学理财

案例链接

2010年时，小李35岁，妻子33岁，孩子刚满5岁，当时股市大涨，小李为了孩子上学有更好的教育，决定将夫妻两人的30万元积蓄全部投入股市中去。股市看涨之后，因为没有看清股市动态，在未来两年内，随着股市跌到低点，小李夫妻30万全部被套。

没有科学理财，没有进行风险防范，可能会使家庭缺失基本的生存保障。

1. 科学理财的步骤

（1）家庭消费基金：

——日常生活、购房、教育基金

——其他消费：旅游、购车等根据具体收入情况调节

（2）风险防范基金：

——银行储蓄

——社会保险

（3）风险投资基金：

——实业：房地产等

——债券、股票、基金

——收藏邮票、纪念币、黄金等

2. 理财定律：4321 定律

比较合理的支出比例是：

40％用于买房及股票、基金等方面的投资；

30％用于家庭生活开支；

20％用于银行存款，以备不时之需；

10％用于保险。

当然这只是一个一般的定律，按照这个定律来安排资产，既可以满足家庭生活的日常需要，又可以通过投资保值增值，还能够为家庭提供基本的保险保障。

体验与践行

一、连一连

以农业生产为主要收入来源	按劳动要素分配
在国企上班	按劳分配
在私营或外资企业工作	
存款利息收入	按个体劳动成果分配
做个体生意	
炒股股息收入	按资本要素分配
下岗领取生活保障金	
房屋出租	按土地要素分配

二、新和尚挑水喝的故事

话说老和尚见三个小和尚都不挑水喝，很着急，决定制定新庙规。于是他想啊想，终于想出了几个办法……

方法一：＿＿＿＿＿＿＿＿＿＿＿＿＿＿＿＿

方法二：＿＿＿＿＿＿＿＿＿＿＿＿＿＿＿＿

方法三：＿＿＿＿＿＿＿＿＿＿＿＿＿＿＿＿

方法四：＿＿＿＿＿＿＿＿＿＿＿＿＿＿＿＿

三、2001 年 5 月，政治大明星美国前总统克林顿到深圳出席一个论坛会议，一个多小时赚得 25 万美元"出场费"，折合人民币约 123 万元。

克林顿的演讲所得要不要缴纳个人所得税？为什么？

四、近年来，一些省市政府给予纳税大户不同形式的物质奖励，奖励起点大都在几万、几十万元以上，有现金奖励，也有实物奖励。这种地方政府"重奖"纳税大户的做法引起了社会各界的争议。

1. 政府重奖纳税大户的行为恰当吗？为什么？

2. 你认为政府应该如何对纳税人进行表彰？

五、有人说股票左边是欲望右边是恐惧，"想说爱你不容易"，为什么现在全民炒股？你如何看待？请亮出你的真实想法。

六、小鬼当家，我来理财！

一家庭男主人是公司部门经理，年薪20万元，女主人是教师，年薪6万元，家有股票10万元。请根据家庭收益情况进行投资理财分析。

理财目标	准备儿子念大学的费用；每年的旅游开支2万元；有车，考虑5年后换新房。
理财分析	三口之家，稳健型投资，主要用于家庭固定支出、教育费用、车险等需求。
理财建议	

投身经济建设

学习目标

认知目标：了解我国的基本经济制度、社会主义市场经济的特征，坚持对外开放基本国策。

能力目标：面对全球化的机遇与挑战积极自主创业。

情感态度与价值观：积极投身于全面小康社会建设。

第一节　社会主义基本经济制度

一、社会主义基本经济制度的内容

以公有制为主体，多种所有制经济共同发展，是我国社会主义初级阶段的基本经济制度。

资料链接

1978 年，我国各种经济成分在工业总产值中占有的比重为：全民所有制企业 77.6%，集体企业 22.4%；2007 年，我国各种经济成分在工业总产值中占有的比重为：国有及国有控股企业 29.5%，集体企业 2.5%，外商和港澳台商投资企业 31.5%，私营企业 23.2%，其他 13.3%。

上述经济结构比例的变化说明了什么？

现阶段我国所有制结构示意图如下：

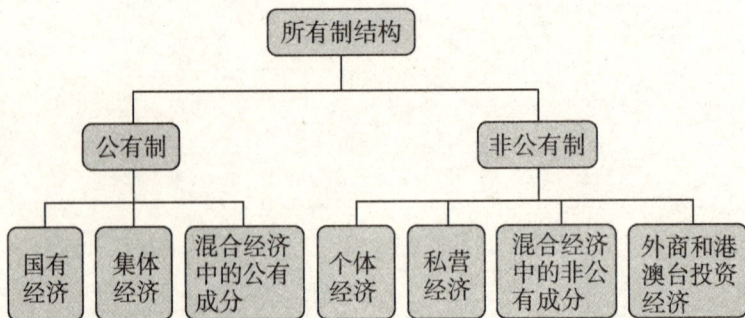

（一）以公有制为主体

公有制是社会主义经济制度的基础。在我国现阶段，公有制经济包括国有经济、集体经济和混合所有制经济中的国有成分和集体成分。

1. 国有经济

国有经济，即社会主义全民所有制经济，是指由社会全体成员共同占有生产资料的公有制经济形式，是同基础产业、基础设施和其他高度社会化的生产和经营活动相适应的一种社会主义公有制。国有经济在国民经济中起主导作用，这种主导作用主要体现在控制力上。

资料链接

　　《财富》杂志发布的2014年度世界500强排行榜，中国上榜企业继续保持强劲增长态势，首次达到100家，位列世界第二。

　　值得关注的是，在上榜的中国企业中，国有企业占了绝对优势，达到了92家。其中，由国务院国资委监管的上榜中央企业达到47家，而中石化更是代表中国企业以4572亿美元的营业收入取代了埃克森美孚的探花之位，首进三强。

　　榜单显示，入围前十名的中央企业有3家，除中石化外，中石油与国家电网分别以4320亿美元、3334亿美元的营业收入紧随其后，位列500强第四与第七位。中国华信能源有限公司、中国能源建设集团有限公司、中国通用技术集团分别以349位、465位、469位新进榜单，至此，中国能源企业在榜增至27家（含2家台湾企业）。

　　在今年上榜的100家中国企业中，有80家企业排名上升，中国化工集团、绿地集团等18家企业上升幅度超过50位，天津市物资集团的排名从去年的第343位上升到今年的第185位，排名上升了158位，是今年的榜单上排名上升最多的企业。

　　值得注意的是，今年的500强榜单排名上升幅度最大的20家企业中，中国企业有16家之多。其中，山西焦煤集团上升113位，排名290位；晋能集团上升81位，排名309位；河南能源化工集团上升76位，排名328位；山东能源集团位列第305位，比去年提升68个位次。

　　除能源行业表现亮眼外，在今年"世界500强"榜单上，中国银行业也以"独秀"之姿"艳压群雄"。共有9家银行上榜，而美国只有8家。在最能赚钱的10家企业中，有3家来自中国，分别是中国工商银行、中国建设银行和中国农业银行。其中，中国工商银行继续成中国最赚钱的500强公司，利润达到427亿美元，较去年增长13%。从资产规模来说，它已是全球最大的银行，利润比苹果公司还要高。

　　2.集体经济

　　集体经济，是由部分劳动群众共同占有生产资料的一种社会主义公有制形式，是与农业和手工业、工业、建筑业、运输业、商业、服务业等部门中社会化程度较低的生产和经营活动相适应的一种社会主义公有制。

3.混合所有制经济

混合所有制经济是指在生产社会化和专业分工进一步发展的条件下，各种不同所有制经济按照一定的原则，主要以入股的方式将生产要素组织起来，进行统一经营、按股分红并负有限责任的所有制经济形式。混合所有制经济是改革开放以来出现的企业组织形式和生产经营形式。

以公有制为主体，最根本的就是公有资产在社会总资产中占优势，对经济发展起主导作用。公有资产占优势，要有量的优势，更要注重质的提高；国有经济起主导作用，主要体现在控制力上。

以公有制为主体，不能简单地理解为公有制企业在数量上占多数。在相对较低的生产力水平，在物质技术基础不完全的基础上，只能建立数量相当的公有制企业。在这个阶段，以公有制为主体更主要地体现在国有经济在整个国民经济中的控制力、影响力和引导力上。

从生产力来看，增强公有制在整个国民经济中的控制力、影响力和引导力，主要是通过国有经济或国有企业在经济运行关键环节上的布局和发展来实现。我国是发展中的社会主义国家，在进行国有经济布局时既要遵循市场经济的一般规律，又要从基本国情出发。现阶段，国有经济需要控制的行业和领域主要包括：涉及国家安全的行业，自然垄断的行业，提供重要公共产品和服务的行业，以及支柱产业和高新技术产业中的重要骨干企业。只要在这样一些基础性、关键性行业，以及引领产业结构升级的高新技术产业中，建立一定数量的具有影响力和控制力的国有企业，就能实现对国民经济运行方向的控制。国有大中型企业是国民经济的重要支撑力量，要增强公有制经济的控制力，就必须做大做强国有大中型企业。在社会主义市场经济条件下，做大做强国有企业，一方面要加大对国有经济的调整力度，通过对国有企业的资产重组、兼并收购、参股控股等，在关键行业中发展具有控制力的大型企业集团；另一方面要按照现代企业制度的要求，不断完善法人治理结构，形成有效的激励约束机制，不断提高国有企业的市场竞争力。

从生产关系来看，增强公有制在整个国民经济中的控制力、影响力和引导力，关键是要寻找到公有制的有效实现形式。在社会主义市场经济条件下，公有制可以采取多种实现形式，其中股份制是公有制的一种有效实现形式。它可以通过国家和集体在股份公司中的绝对控股、相对控股和参股三种形式来实现。国家和集体控股的股份公司成为公有制的实现形式，这在理论上讲没有问题，因为由国家和集体控股，不论是绝对控股还是相对控股，国家和集体都可以通过控股权对公司发挥支配作用。但是，在国有和集体参股的股份公司中，由于国有和集体不具有控股权，因而对股份公司的经营战略和发展方向就不能依据股权发挥决定作用。在这种情况下，国有和集体在其参股的股份公司中，可以采取"金股"（指政府否决企业决策的特别权利股）的特殊安排，使国有和集体以较少的股权对企业经营战略和方向发挥决定性的作用，从而使其成为公有制的实现形式。

总之，要以较少的国有和集体经济对国民经济发挥主导和控制作用，就必须对国有企业进行制度创新，即除极个别企业，如造币、军工等实行百分之百国有外，大部分国有企业可以从单一的国有产权转向股权多元化，形成国有、集体和非公有资本等参股的混合所有制企业。混合所有制企业的制度安排，一方面可以使企业更关心经济效率，另一方面可以通过国家控股，保证企业完成政府赋予的特殊职能。

（二）各种所有制经济共同发展

在我国现阶段，除了公有制经济形式外，还存在着个体经济、私营经济和外资经济等非公有制经济形式。

1. 个体经济

个体经济，指在劳动者个人占有生产资料的基础上，从事个体劳动和个体经营的私有制经济。个体经济具有规模小、工具简单、操作方便、经营灵活等特点。个体经济有两个明显的特征：一是生产资料和劳动成果归个人所有；二是劳动者以自己的劳动为基础。个体经济中，生产者既是直接的劳动者，又是生产资料的所有者，劳动者主要依靠自己的劳动取得收入，是一种不带有剥削关系的私有经济。

资料链接

1981 年，中国个体工商户为 183 万户，到 2000 年发展到 2571 万户，增加了 13 倍，平均年增长 14.9%；从业人数由 1978 年的 14 万人增加到 2000 年的 5070 万人，增加了 361.1 倍，平均年增长 30.7%；注册资金由 1981 年的 5 亿元增加到 2000 年的 3315 亿元，增加了 662 倍，平均年增长 40.7%。

2. 私营经济

私营经济是指生产资料归公民私人所有，以雇佣劳动为基础的所有制经济。它是我国社会主义市场经济的重要组成部分，是以生产资料私人所有和雇佣劳动为基础，以取得利润为目的的所有制形式。它也是社会主义初级阶段一种重要的非公有制经济。

资料链接

私营企业促进中国经济发展

从国家统计局的数据来看，中国私营企业在就业、投资、经营、进出口等方面对中国经济贡献巨大。

中国私营企业吸纳了大量的就业人员，成为中国就业的重要渠道之一。1990—2013 年期间，中国私营企业吸纳的就业人员从 170 万人增加到 1.25 亿人，占全国就业人员的比重从 0.26% 上升到 16.27%。

私营企业成为重要的投资者，也是中国固定资产投资的重要来源之一。按照登记注册类型，2006—2013 年期间，私营企业全社会固定资产投资规模从 1.93 万亿元增加到 12.12 万亿元，占中国全社会固定资产投资的比重从 17.52% 上升到 27.16%，占内资企业全社会固定资产投资的比重从 19.43% 上升到 28.58%。2013 年，中国拥有私营企业数量达到 1253.9 万户，其中投资者人数达到 2485.7 万人，占私营企业就业人数的 19.85%。

私营企业经营良好，成为中国经济增长的动力之一。1998—2013 年期间，对于规模以上工业企业来说，私营企业数量从 1 万个增加到 19.5 万个，占全国的比重从 6.46% 上升到 55.3%；私营企业资产从 1487 亿元人民币增加到 17.48 万亿元人民币，占全国的比重从 1.37% 上升到 20.55%；私营企业主营业务收入从 1846 亿元人民币增加到 32.97 万亿元人民币，占全国的比重从 2.88% 上升到 32.04%；私营企业持续盈利，其利润从 67.25 亿元人民币增加到 2.09 万亿元人民币，占全国的比重从 4.61% 上升到 33.23%；私营企业资产利润率从 4.52% 增加到 11.94%，销售利润率从 3.64% 增加到 6.33%。

私营企业进出口规模不断增加，已成为中国对外贸易的一支生力军。2013 年，中国私营企业出口和进口分别达到 8633 亿美元、4368 亿美元，占全国的比重分别达到 39.06%、22.39%。中国私营企业还是全国贸易顺差的主要来源。2013 年，中国私营企业贸易顺差达到 4266 亿美元，远超过全国 2597 亿美元的贸易顺差水平，私营企业一般贸易顺差达到 3690 亿美元，而全国一般贸易呈现 222 亿美元的逆差。

3. 外资经济

外资经济，是我国发展对外经济关系，吸引外资建立起来的所有制形式。它包括中外合资经营企业、中外合作经营企业中的境外资本部分，以及外商独资企业。外资经济是社会主义初级阶段一种重要的非公有制经济形式，也是我国社会主义市场经济的重要组成部分。

建设有中国特色社会主义的经济，就是在社会主义条件下发展市场经济，不断解放和发展生产力，这就要求坚持和完善社会主义公有制为主体、多种所有制经济共同发展的基本经济制度。

案例链接

　　一对夫妇筹资开了一家小饭馆，夫妻俩既当老板又当服务员。他们把农民卖不出去的小南瓜加工成美味食品，远近闻名。后来，生意越来越红火，他俩干脆把店名改成"小南瓜"，开起连锁店，雇工经营，自己当老板。

　　小饭馆是什么性质的经济形式？"小南瓜"是什么性质的经济形式？

二、坚持和完善基本经济制度

　　公有制为主体、多种所有制经济共同发展的基本经济制度，是中国特色社会主义制度的重要支柱，也是社会主义市场经济体制的根基。公有制经济和非公有制经济都是社会主义市场经济的重要组成部分，都是我国经济社会发展的重要基础。必须毫不动摇巩固和发展公有制经济，坚持公有制主体地位，发挥国有经济主导作用，不断增强国有经济活力、控制力、影响力。必须毫不动摇鼓励、支持、引导非公有制经济发展，激发非公有制经济活力和创造力。

　　（一）毫不动摇地巩固和发展公有制经济，不搞私有化

　　在我国社会主义初级阶段，毫不动摇巩固和发展公有制经济，坚持公有制主体地位，不搞私有化，这是由我国社会主义初级阶段的基本国情，特别是社会生产力的总体水平与结构决定的，必须坚定不移、毫不动摇。任何的动摇与偏离，都会使我国经济社会发展步入歧途。

　　党的十一届三中全会以后，我们党恢复并重新确立了解放思想、实事求是的思想路线，在坚持以公有制为主体的同时鼓励多种所有制经济共同发展，形成了与社会主义初级阶段相适应的基本经济制度，实行了社会主义市场经济体制。从高度集中的计划经济体制转向充满活力的社会主义市场经济体制，使我国经济蓬勃发展，综合国力显著增强，人民生活总体上达到小康。但是，以公有制为主体、多种所有制经济共同发展，作为社会主义初级阶段的基本经济制度确立下来，并不是一帆风顺的。当市场取向的改革目标越来越清晰时，出现了公有制能否与市场经济有机融合的质疑；当国有经济的调整与改革逐步深化时，又出现了"国退民进"、对国有企业一卖了之的观点。这些观点的基本依据无非是，只有生产资料成为私人财产时，人们才会真正关心它的运用，最大限度地发挥它的效力，而公有制做不到这一点。因此，发展市场经济的唯一出路在于私有化。这种观点在理论上毫无根据，在实践中更是有害的。

　　1. 从市场经济的起源和发展来看，它一直是与私有制相结合的，但不能由此推出发展市场经济必须实行私有化的结论

　　首先，从经济社会发展的历史逻辑来看，公有制是在私有制之后建立起来的一种新

型所有制关系，符合生产社会化的发展趋势。但在社会主义初级阶段的我国，劳动还是人们谋生的主要手段，社会分工的固定化很难在短时间内彻底改变，不同产业和企业之间的利益实现，还需要通过市场平等交换来进行。我国建立社会主义市场经济体制的改革实践已经证明，在公有制基础上完全可以发展市场经济，从而走出了中国特色社会主义道路。其次，市场经济作为一种财产组织方式和资源配置机制，与运行其中的社会制度是不同层次的问题，不存在必然的因果关系。资本主义可以依托市场带来经济的快速增长，社会主义也可以凭借它实现财富的积累与共同富裕。那种认为只有私有制才能提高经济效率的观点，既没有看到资本主义发展过程中生产资料私人占有制的历史缺陷，也没有看到我国社会主义基本经济制度具有包容多样化生产力及其表现形式的优越性。生产越是社会化，生产资料就越是不能实行私人占有，这是经济发展的历史趋势。

2. 从市场经济的一般要求来看，我国必须毫不动摇地巩固和发展公有制经济，而不能实行私有化

在我国发展社会主义市场经济，一个根本要求就是通过发挥公有制的主导作用，有效地弥补市场缺陷，创造出比资本主义高得多的生产效率。国内外经验表明，任何形式的市场经济都存在着市场失灵问题。只有国家进行高效灵活的宏观调控，才能保证其有效运转。国有企业是国民经济的骨干与支柱，担负着提供公共产品、增强综合国力、实现区域平衡发展、充分就业等社会重任。这是非国有企业很难做好的事情。建立公有制企业是生产社会化发展的必然要求。特别是进入新世纪以来，经济全球化使市场对资源的优化配置突破了一国范围，日益成为全球范围内生产经营活动的调节机制，从而要求一国特别是大国的经济发展必须站在全球资源配置的平台上，充分利用国际国内两个市场、两种资源。只有这样，才能形成核心竞争力。这意味着，生产的社会化也随之从一国扩展到全球的更高程度，要求在更宽广的领域突破所有制关系上的狭隘性质，使生产关系符合生产力发展的新要求。因此，无论从克服市场缺陷的要求来看，还是从经济发展趋势来看，公有制都具有私有制无可比拟的优势，我们没有任何理由退回到私有化道路上去。

3. 从市场经济在我国的实践来看，我们也必须毫不动摇地巩固和发展公有制经济，而不能实行私有化

一方面，社会主义社会的性质决定了我国经济发展的根本目的是满足人们日益增长的物质文化需要，实现共同富裕。实现这一目标的基本前提就是让全体人民公平地占有生产资料。因为只有生产资料的公平占有，才能实现机会公平、分配公平的理想目标，促进人的全面发展。正是公有制为实现全体人民公平地占有生产资料创造了物质条件。另一方面，我国正处在赶超发达国家的工业化阶段，需要运用国家力量，利用后发优势，实现跨越式发展。这种赶超型的发展方式需要一定比重的公有制经济和一定数量的国有企业作为保障。因此，我国国有经济的战略性调整，不是简单地使国有资产从一般性竞争领域退出，而是要立足长远发展，集中于自然垄断部门、公共产品部门和国家战略安

全部门等关系国民经济命脉的主要行业和关键领域，进入支柱产业和高新技术产业。只有这样，才能保持公有制经济的生机和活力，使中国特色的社会主义经济健康发展。

坚持公有制为主体，发挥国有经济的主导作用，对于发挥社会主义制度的优越性，增强我国经济实力、国防实力和民族凝聚力，防止两极分化、实现共同富裕，推动科学发展、促进社会和谐，维护公平正义、保障国家安全，以及巩固和完善社会主义的政治制度和核心价值体系，都是至关重要的。

（二）**必须毫不动摇鼓励、支持、引导非公有制经济发展，激发非公有制经济活力和创造力**

我国发展社会主义市场经济，必须坚持公有制为主体，但绝不是要搞纯而又纯的公有制。新中国成立以来经济发展正反两方面的经验已经证明：搞纯而又纯的公有制，不仅不能促进反而会阻碍生产力的发展。这是因为，我国的生产力水平总体而言还不发达，具有多层次性，发展不平衡，这就决定了所有制关系的多样性。

发展非公有制经济，不仅在创造产值的同时有利于扩大就业，而且还为国有经济的战略性调整和国有企业改革发展创造了条件。从一定程度上说，改革开放以来，如果没有非公有制经济的大发展，就不会有公有制经济效率的提高。

发展非公有制经济，一是要鼓励全民创业。这就需要形成与社会主义初级阶段基本经济制度相适应的创业观念和创业机制，营造鼓励人们干事业、支持人们干成事业的社会氛围，从而使创业变得光荣，光荣到我们无论怎样评价它都不为过；同时又使创业简单平凡，平凡到每一个人都能够去尝试，直至获得成功。事实证明，一个社会只有激发出每一个人的创业激情，才可能做到让一切创造社会财富的源泉充分涌流。

二是要支持非公有制企业做大做强。经过 30 多年的快速发展，我国民营企业规模有了很大程度的提高，但仍存在不少问题。当前，我国民营企业要做大做强，至少应过好以下"五关"：财富关，即变革传统的小富即安、怕做大的财富价值观；制度关，即完善现有的民营企业制度，并适时地促进其制度变革；战略关，即确定战略以明确方向，找准定位以顶住诱惑，整合资源以永续成长；人才关，即通过创造各种能够激励人干事业的条件，吸引、留住员工；文化关，即从家族文化向企业文化转变，把家族价值观与企业价值观分开，把家族利益与企业利益分开。

资料链接

　　2007 年第七次民营企业调查结果显示，我国民营企业主要集中在制造业和批发零售业，这两类企业共占被调查企业总数的 65.4%，而进入电、煤、气、水等领域的民营企业占比只有 1.1%，进入金融业的只有 0.1%，进入公共设施领域的约占 0.4%，进入教育、卫生、文体的合起来不足 2%。

我们怎样看待民间资本的触角向更多限制性领域的伸展？

三是要引导非公有制企业做好"小"。非公有制企业基本都是中小企业，它们不可能都做大，这就需要引导它们努力走精、专、特、新的发展道路。首先，中小企业可以通过形成以专业化分工协作为基础的产业集群，联合起来参与市场竞争，弥补自身的规模劣势；其次，中小企业通过"小而特"的方式，进入大企业无法进入或不愿意进入的领域，从而以特定的人群、特定的产品、特定的细分市场确立竞争优势；再次，中小企业可以通过"小而精、小而专、小而强"的方式，主动适应大企业以"外包"方式进行"模块化"生产的发展趋势，嵌入到大企业的产业链条中，成为大企业产业链的一个环节。

体验 与践行

结合本地区的实际情况，调查本地区公有制企业和非公有制企业的发展状况。

第二节　完善和发展社会主义市场经济

在我国，社会主义市场经济蓬勃发展。那么，什么是市场经济？社会主义市场经济有什么特征？搞清这些问题，有助于我们深刻认识发展社会主义市场经济的意义和改革开放以来我国经济迅猛发展的原因。

一、社会主义市场经济的基本特征

计划和市场是资源配置的两种基本手段。

市场在资源配置中起决定性作用的经济是市场经济。计划经济就是政府用行政手段配置资源的经济。资源配置是指为使经济行为达到最优和最适度的状态而对资源在社会经济的各个方面进行分配的手段和方法的总称。市场经济是商品经济的高级阶段。在市场经济中，生产什么、如何生产和为谁生产，主要是通过价格的涨落和供求的变化由市场来调节的。市场中好像有一只"看不见的手"在引导着商品生产者、经营者，调节人、财、物在全社会的配置。市场经济区别于计划经济的根本之处就在于不是以习俗、习惯或行政命令为主来配置资源，而是使市场成为整个社会经济联系的纽带，成为资源配置的主要方式。在市场经济运行中，社会各种资源都直接或间接地进入市场，由市场供求形成价格，进而引导资源在各个部门和企业之间自由流动，使社会资源得到合理配置。

国内外的实践都证明，政府配置资源效率低下、浪费严重。而市场经济一经产生，便成为最具效率和活力的经济运行载体。迄今为止，全世界绝大多数国家都纷纷走上了市场经济的道路。

（一）市场经济

1. 市场经济的共同特征

第一，市场经济是一种自主经济。商品生产者必须是独立的市场主体。市场经济中的行为主体如家庭、企业和政府的经济行为，均受市场竞争法则制约和相关法律保障，赋予相应的权、责、利，成为具有明确收益与风险意识的不同利益主体。

第二，市场经济是平等的经济。它只承认等价交换，不承认任何超市场的特权。为达到公平竞争的目的，政府从法律上创造出适宜的外部环境，为企业提供平等竞争的机会。如美国的反托拉斯法、德国的反对限制竞争法、日本的禁止垄断法等。只有把各市场利益主体的活动都纳入到法律的框架内，才能维护市场竞争的有序性和正常运行。

第三，市场经济是竞争经济。为了各自的价值的实现，市场主体之间必然激烈竞争，优胜劣汰。因而在市场经济活动中，机会和风险是并存的。这一机制促使企业不断提高自身素质和经营规模，以在竞争中立于不败之地。

第四，市场经济是开放性经济。企业为了获取利润，实现产品的价值，会不遗余力地开拓市场。

2. 市场经济的局限性

市场也不是万能的，市场调节存在自发性、盲目性、滞后性等固有的弊端。

在市场经济中，商品生产者和经营者都是在价值规律的自发调节下追求自身的利益，实际上就是根据价格的涨落决定自己的生产和经营活动，这就使一些个人或企业出于对自身利益的过分追求而产生不正当的行为，比如生产和销售伪劣产品。

在市场经济条件下，经济活动的参加者都是分散在各自的领域从事经营，单个生产者和经营者不可能掌握社会各方面的信息，也无法控制经济变化的趋势，因而其决策会带有一定的盲目性。当某种商品的生产有利可图时，他们往往一哄而上；反之，则一哄而退。

在市场经济中，市场调节是一种事后调节，从价格形成、价格信号传递到商品生产的调整有一定的时间差。

资本主义自由放任的市场经济所导致的周期性经济危机，就是市场失灵的严重后果。因而，在20世纪30年代大危机之后，资本主义国家普遍采用计划调节手段来弥补市场的缺陷，这就形成了宏观调控的市场经济。

（二）社会主义市场经济的基本特征

社会主义市场经济，是把市场经济与社会主义制度相结合，它不仅具有市场经济的一般规律和特征，同时又是与社会主义基本制度相结合的市场经济。市场经济作为一种资源配置方式，它不属于社会基本制度范畴，不具有姓"资"姓"社"的性质。邓小平同志就一再指出，不能把市场经济等同于资本主义，社会主义也可以搞市场经济。

议一议

一天，爱关注社会和探讨问题的小明听到社会上有人说我们现在是"羞羞答答的资本主义"，于是回去问奶奶。奶奶叹息着说："唉，可不是，这社会变资本主义喽！"旁边爸爸却说："您呀，尽不懂瞎说，这市场经济和资本主义可是两回事。"奶奶说："'文革'时，就因为把自家的母鸡卖给了邻居，爷爷就被打成了'走资派'。现在是市场经济，又引进外资、学习外国，这还不是走资本主义道路吗？资本主义市场经济、社会主义市场经济只是名字不同罢了。"

奶奶的观点正确吗？

社会主义市场经济是市场经济发展的一种新的历史形式，也可以说是市场经济发展的新阶段。它包含着两个方面的规定性，一是市场经济的一般共性，二是社会主义制度本身的特性。社会主义市场经济是在积极有效的国家宏观调控下，市场对资源配置起基础性作用，能够实现效率与公平的经济体制。

主要表现在：

（1）在所有制结构上，以公有制为主体，多种所有制经济共同发展，一切符合"三个有利于"的所有制形式都可以而且应该用来为社会主义服务。

（2）在分配制度上，坚持按劳分配为主体，多种分配方式并存的制度。把按劳分配和按生产要素分配结合起来，坚持效率优先、兼顾公平的原则。

（3）在宏观调控上，由于公有制为主体，因而国家对市场的调控既具有较雄厚的物质基础，又有牢固的政治基础和广泛的群众基础，所以能够把人民的当前利益与长远利益、局部利益和集体利益结合起来，发挥计划与市场两个手段的长处，把市场调节和宏观调控结合起来。

二、国家的宏观调控

宏观调控由经济学家凯恩斯提出，是政府运用政策、法规、计划等手段对经济运行状态进行调节和干预，以保证国民经济的持续、快速、协调、健康发展的活动。宏观调控是保证社会再生产协调发展的必要条件，也是社会主义国家管理经济的重要职能。

（一）**宏观调控的意义**

1. 宏观调控是社会化大生产协调发展的必然要求

社会主义经济发展是建立在社会化大生产的基础之上的，客观上要求由政府进行宏观调控，使国民经济按比例协调发展，避免和减少由于盲目的无政府状态而带来的损失。这也是社会分工越来越细，生产社会化程度越来越高，国民经济各部门之间相互联系、相互制约程度越来越高的要求。

2 宏观调控是市场经济正常运行的客观要求

市场机制在社会资源配置中能有效地发挥作用，但它不是万能的，其弱点和不足表现为"市场失灵"。市场自身的弱点和消极性需要通过宏观调控来弥补和克服。

3. 宏观调控是社会主义经济制度的客观要求

公有制经济，尤其是国有经济属于广大劳动人民，它的经济活动应该服从社会主义生产目的，这就靠宏观调控在全社会范围内有效地使用人力、物力和财力发展生产，使经济活动符合人民的利益；我国是发展中的社会主义国家，我们要走出一条较为自觉的快速发展道路，必须要求国家对促进经济发挥作用，发挥社会主义优势；我们的最终目标是达到共同富裕，这一立足点比一般市场经济国家处理效率与公平关系的要求更多，这就必须依靠国家的宏观调控来实现。

案例链接

广东省是我国市场经济发展最早的地区之一，其经济社会发展速度在全国居领先地位。2001—2012 年，国内生产总值每年平均增长 17.8%，高出全国 5.85 个百分点。社会商品零售总额年均增长 13.6%，几年来一直居各省市区的前列。2013 年，全省城镇居民人均生活费收入、农民人均纯收入，都远远超出全国平均水平。

请从经济的角度分析广东这些年经济迅速发展的原因。

（二）**宏观调控的目标**

宏观调控的目标是：保持社会总供给与总需求的基本平衡，弥补市场调节的不足，从而促进经济增长，增加就业，稳定物价，保持国际收支平衡。

1. 促进经济增长

经济增长是经济和社会发展的基础。持续快速的经济增长是实现国家长远战略目标的首要条件，也是提高人民生活水平的首要条件。因此，促进经济增长是宏观调控的最重要的目标。促进经济增长是在调节社会总供给与社会总需求的关系中实现的。为了促进经济增长，政府必须调节社会总供给与社会总需求的关系，使之达到基本平衡。

2. 稳定物价

在市场经济中，价格的波动是价格发挥调节作用的形式。但价格的大幅度波动对经济生活是不利的。如果物价大幅上升和通货膨胀，会刺激盲目投资，重复建设，片面追求数量扩张，使经济效益下降；如果物价下降和通货紧缩，则会抑制投资，使生产下降，失业增加。在社会主义市场经济条件下，绝大多数商品和服务的价格由市场决定，但政府可以运用货币等经济手段对价格进行调节，必要时也可以采用某些行政手段（如制止乱涨价、打击价格欺诈），以保持价格的基本稳定，避免价格的大起大落。

3. 保持国际收支平衡

国际收支是指一个国家或地区与其他国家或地区之间由于各种交易所引起的货币收付或以货币表示的财产的转移。国际收支平衡，是指一国各种国际往来的收入和支出的基本平衡。这就要求国家采取宏观调控措施，将外汇收支差额控制在合理的范围内。

4. 增加就业

就业是民生之本，是人民群众改善生活的基本前提和基本途径。就业的情况如何，关系到人民群众的切身利益，关系到改革发展稳定的大局，关系到全面建设小康社会的宏伟目标，关系到实现全体人民的共同富裕。促进充分就业是我国政府的责任。

（三）宏观调控的手段

1. 经济手段

这是指政府在自觉依据和运用价值规律的基础上借助于经济杠杆的调节作用，对国民经济进行宏观调控。经济杠杆是对社会经济活动进行宏观调控的价值形式和价值工具，主要包括价格、税收、信贷、工资等。经济手段通常包括税收政策、信贷政策、利率政策、汇率政策、产品购销政策、价格政策、扶贫政策、产业政策等。

2. 法律手段

这是指政府依靠法制力量，通过经济立法和司法，运用经济法规来调节经济关系和经济活动，以达到宏观调控目标的一种手段。通过法律手段可以有效地保护公有财产、个人财产，维护各种所有制经济、各个经济组织和社会成员个人的合法权益，调整各种经济组织之间横向和纵向的关系，以保证经济运行的正常秩序。

法律手段的内容包括经济立法和经济司法两个方面。经济立法主要是由立法机关制定各种经济法规，保护市场主体权益；经济司法主要是由司法机关按照法律规定的制度、程序，对经济案件进行检察和审理的活动，以维护市场秩序，惩罚和制裁经济犯罪。

3. 行政手段

这是依靠行政机构，采取强制性的命令、指示、规定等行政方式来调节经济活动，以达到宏观调控目标的一种手段。行政手段具有权威性、纵向性、无偿性及速效性等特点。当计划、经济手段的调节都无效时，就只能采取必要的行政手段。尤其当发生国民经济重大比例关系失调或社会经济某一领域失控时，运用行政手段调节能够更迅速地扭转失控，更快地恢复正常的经济秩序。当然，行政手段是短期的非常规的手段，不可滥用，必须在尊重客观经济规律的基础上，从实际出发加以运用。

国家宏观调控，应该以经济手段和法律手段为主，辅之以必要的行政手段，形成有利于科学发展的宏观调控体系，充分发挥宏观调控手段的总体功能。

体验与践行

目前我国食品安全问题时有发生，如部分食用油存在过度脱色带来的重金属污染、违规添加香精等问题。在行业标准上，有学者介绍，部分食品添加剂无质量标准，有的使用者存在盲目使用的情况。

请运用本节的相关知识，说明上述材料中所述问题产生的原因。

第三节　坚持对外开放的基本国策

一、面对经济全球化

经济全球化是当今世界经济和科技发展的产物。经济全球化深入发展，使各国的经济联系日益密切，促进了各国经济的较快发展。

经济全球化是指世界经济活动超越国界，通过对外贸易、资本流动、技术转移、提供服务等而形成的全球范围的有机经济整体。是商品、技术、信息、服务、货币、人员等生产要素跨国跨地区的流动。经济全球化使世界经济日益成为紧密联系的一个整体，是当代世界经济的重要特征之一，也是世界经济发展的重要趋势。

（一）经济全球化的表现

经济全球化的表现是多方面的，其中主要是生产、贸易、资本和科技的全球化。

1. 生产国际化

生产力作为人类社会发展的根本动力，极大地推动着世界市场的扩大。以互联网为标志的科技革命，从时间和空间上缩小了各国之间的距离，促使世界贸易结构发生巨大变化，促使生产要素跨国流动，它不仅对生产超越国界提出了内在要求，也为全球化生产准备了条件，是推动经济全球化的根本动力。

美国著名波音飞机的零部件分别在全球70多个国家生产，只有设计和组装是在美国完成。我国西安的飞机制造工厂专门为波音飞机生产飞机的尾翼。波音公司的总裁到中国时曾说："全世界天空上飞的6000多架波音飞机的机尾都是你们中国生产的。"

2. 贸易自由化

随着全球货物贸易、服务贸易、技术贸易的加速发展，经济全球化促进了世界多边贸易体制的形成，从而加快了国际贸易的增长速度，促进了全球贸易自由化的发展，也使得加入WTO组织的成员以统一的国际准则来规范自己的行为。

近几年，不满足于在国内购物的消费者开始将眼光转向境外，轻点鼠标，去海外"淘宝"，这种购物方式被称为"海淘"。现在，越来越多的中国人开始加入"海淘"大军，成为"海淘"一族。

3. 资本全球化

世界性的金融机构网络，大量的金融业务跨国界进行，跨国贷款、跨国证券发行和跨国并购体系已经形成。世界各主要金融市场在时间上相互接续、价格上相互联动，几秒钟内就能实现上千万亿美元的交易，尤其是外汇市场已经成为世界上最具流动性和全天候的市场。

4. 科技全球化

科技全球化是指各国科技资源在全球范围内的优化配置，这是经济全球化最新拓展和进展迅速的领域。其表现为先进技术和研发能力的大规模跨国界转移，跨国界联合研发广泛存在。以信息技术产业为典型代表，各国的技术标准越来越趋向一致，跨国公司巨头通过垄断技术标准的使用，控制了行业的发展，获取了大量的超额利润。

跨国公司的迅速发展为经济全球化提供了强有力的载体，是经济全球化的推动者与担当者。

（二）经济全球化的影响

经济全球化是当今世界经济和科技发展的产物，在一定程度上适应了生产力进一步发展的要求，促进了各国经济的较快发展。从经济全球化的积极作用来看：

1. 促进资源优化配置和合理利用

经济全球化，可以实现以最有利的条件来进行生产，以最有利的市场来进行销售，达到世界经济发展的最优状态，提高经济效率，使商品更符合消费者的需要。

2. 促进经济多极化发展

经济全球化使国际经济关系更加复杂，它使以往的国别关系、地区关系发展成为多极关系和全球关系，推动了处理这些关系的国际协调和合作机制的发展，并必然会导致一系列全球性经济规则的产生，使参与经济全球化进程的国家出让或放弃部分主权，形成和遵守这些经济规则。

3. 促进发展模式创新

全球化促进生产、资源、人员、贸易、投资和金融等生产要素全球优化配置，降低成本并提高效率。跨国公司已发展到在全球布设研发、生产、销售链条的全球公司阶段。经验显示，一国经济开放度提高与其人均 GDP 增长之间呈正比关系。

4. 促进国际利益融合

国家间经济相互依赖逐步深化，俱荣俱损局面开始形成。全球经济链条越拧越紧，一国经济发展对全球经济发展的依赖增强。除国家利益外，共同地区利益和全球利益明显增多。利益融合有利于国家关系改善，国家间协调合作增多，出于不同利益而形成的不同"志愿者联盟"不断出现。

但是，当前经济全球化是在不公平、不合理的国际经济旧秩序没有根本改变的条件下形成和发展起来的。在经济全球化中占有主导地位和绝对优势的是西方发达资本主义国家，在经济全球化中资本主义的内在本质和规律性特征会得到充分体现；资本主义发展不平衡规律的作用会更加突出，使国家之间的市场竞争和民族冲突更加激烈和尖锐；少数大国一手操纵世界经济事务，使平等互利原则和国际间的合作屡遭破坏；局部地区的民族摩擦、经济危机以及政治经济的震荡也极易在全球范围内传播和扩展，增加了国际政治经济的不稳定性和不确定性。

经济全球化使得世界各国的经济联系在一起，这在促进各国经济合作的同时，也使得一个国家的经济波动可能殃及他国，甚至影响全世界，加剧全球经济的不稳定性，尤其对发展中国家的经济安全构成极大的威胁。

资料链接

我国对外开放政策的确立

1980 年 6 月，邓小平同志在一次接见外宾时，第一次以"对外开放"作为我国对外经济政策公之于世。他说："我国在国际上实行开放的政策，加强国际往来，特别注意吸收发达国家的经验、技术包括吸收国外资金来帮助我们发展。"1981

年11月召开的五届人大四次会议上的政府工作报告，又进一步明确指出："实行对外开放政策，加强国际经济技术交流，是我们坚定不移的方针。"1982年12月，对外开放政策被正式写入我国宪法。

二、对外开放是强国之路

对外开放，一方面是指国家积极主动地扩大对外经济交往；另一方面是指放宽政策，放开或者取消各种限制，不再采取封锁国内市场和国内投资场所的保护政策，发展开放型经济。

对外开放是我国的一项基本国策，实行对外开放，就是要大力发展和不断加强对外经济技术交流，积极参与国际交换和国际竞争，以生产和交换的国际化取代闭关自守和自给自足，促进经济的变革，使我国经济结构由封闭型经济转变为开放型经济，促进国民经济健康快速发展。

知识链接

我国对外开放的发展历程

1978年党的十一届三中全会以后，我国对外开放政策开始确立，从此以后，我国逐步走向了世界。我国的对外开放大致经历了以下发展阶段：

1. 建立经济特区。1979年7月和1980年5月，党中央、国务院先后决定在广东省的深圳、珠海、汕头和厦门创办经济特区。1988年4月13日，第七届全国人民代表大会第一次会议审议通过了国务院提出的议案，决定海南省成为我国的又一个经济特区。

2. 开放沿海城市。经济特区在短时间内取得突破性进展和巨大成就极大地鼓舞了全国各族人民，也进一步坚定了我国扩大对外开放的信心。1984年5月，党中央、国务院在总结经济特区经验的基础上，决定进一步开放14个沿海港口城市，即大连、秦皇岛、天津、烟台、青岛、连云港、南通、上海、宁波、温州、福州、广州、湛江、北海。对进一步开放的港口城市，国家扩大其经济技术对外自主权，并给前去投资的外商以仅次于经济特区的优惠待遇。

3. 进一步扩大沿海开放区域。1985年2月，党中央提出了沿海地区经济发展战略，发展外向型经济，抓住机遇走向国际市场。先后决定将长江三角洲、珠江三角洲、闽南三角地区和环渤海地区开辟为沿海经济开放区。这些地区共包括41个市、218个县，使我国从南到北在沿海地区形成了一条包括2亿多人口的开放地带。

4. 开发浦东。在经济特区和经济技术开发区建设如火如荼进行之际，具有得天独厚位置的上海的开放也被提到议事日程。根据邓小平同志的指示精神和上海市委、市政府的建议，党中央、国务院决定进一步开放和开发浦东新区，并于1990年6月2日正式批准。浦东的开发和开放极大地促进了浦东和上海市经济的发展，目前上海已经成为国际上较为知名的国际金融中心，并由此带动了上海市和整个长江流域的发展。

5. 全面开放沿边、沿江及内陆省会城市。1992年，以邓小平同志视察南方重要谈话和党的"十四大"为标志，中国的改革开放进入了一个新的历史阶段。先后批准开放了13个沿边城市、6个长江沿岸城市、18个内陆省会城市。先后批准了32个国家级的经济技术开发区、52个高新技术开发区、13个保税区，开放了34个口岸，形成了沿江、沿边和内陆地区多层次、全方位的开放新格局。

6. 加入世界贸易组织。经过艰难谈判，我国于2001年末加入世界贸易组织，这标志着我国对外开放进入一个崭新的阶段。我国将由以前有限范围和有限领域内的开放，转变为全方位的开放；由以试点为特征的政策主导下的开放，转变为法律框架下可预见的开放；由单方面为主的自我开放，转变为与世贸组织成员之间的相互开放。

（一）对外开放的意义

对外开放是我国的重大举措，对吸收外资、引进技术、发展生产、推进经济体制改革起到了重大的作用，有力地推动了社会主义现代化建设。

第一，实行对外开放政策，是科学总结我国历史经验教训的必然结果。我国历史上经济社会长期停滞落后，一个重要的原因就是闭关自守。历史经验教训说明，不开放不行。

第二，实行对外开放政策，是追随世界经济发展趋势的客观选择。在当代，世界最新通讯技术的运用和现代交通工具的变革，使各种交往手段越来越现代化，国际经济生活的时空大大压缩，使国际交往互惠更加便利；资源、劳力、技术、资金、信息等生产要素普遍纳入经济生活国际化的洪流之中，生产、流通和消费领域的社会化、国际化、一体化普遍要求各国打开国门，采取更加开放的政策。世界市场的扩大，要求各国实行开放政策，既发展自己，也推动全世界的发展。

第三，实行对外开放政策，是加速我国社会主义现代化建设的迫切需要。处于社会主义初级阶段的中国，在推进传统产业革命，赶上世界新技术革命，实现社会主义现代化的过程中，面临着诸如资金短缺、技术落后、管理经验不足、生产效益不佳等困难。这些困难如果得不到克服，已经确定的经济社会发展战略目标就有流产的危险。而要尽快妥善地解决现代化建设中面临的困难和矛盾，一个不可缺少的条件就是实行对外开放，参与国际分工与合作，发展对外贸易和经济技术交流。实行对外开放，是保证中国经济持续、快速、健康发展的一个极其重要的条件。

（二）对外开放的内容

大力发展对外贸易，特别是发展出口贸易；积极引进国外先进技术设备，特别是有助于企业技术改造的先进技术；积极合理有效地利用外资，特别是更加积极地吸引外商直接投资，兴办中外合资、中外合作与外商独资企业；积极开展对外承包工程与劳务合作；发展对外经济技术援助与多种形式的互利合作；设经济特区和开放沿海城市，以带动内地开放。

资料链接

改革开放30多年来，我国进出口贸易从逆差转变为顺差，使我国从一个外汇捉襟见肘的国家一跃成为世界第一大外汇储备国。从改革开放之初到1993年，除少数年份进出口贸易有小规模顺差外，多数年份均为逆差。进入1994年以来，进出口贸易均保持顺差，且规模不断扩大。1995年贸易顺差突破100亿美元，达到167亿美元。2005年又突破1000亿美元，达到1020亿美元。2007年再突破2000亿美元，达到2618亿美元。2007年我国外汇储备从1978年仅有的1.67亿美元迅速扩大到1.5万亿美元。

（三）我国对外开放的格局

经过多年的发展，我国逐步形成了全方位、宽领域、多层次的对外开放格局，极大地促进了社会生产力、综合国力和人民生活水平的提高。

所谓全方位，就是不论对资本主义国家还是社会主义国家，对发达国家还是发展中国家，都实行开放政策。

所谓多层次，就是根据各地区的实际和特点，通过经济特区、沿海开放城市、沿海经济开放地带、沿边和沿江地区以及内陆中心城市等不同开放程度的各种形式，形成全国范围内的对外开放。

资料链接

"看海尔电视，用联想电脑，开吉利汽车，喝伊利酸奶……"随着投资海外的中国企业日益活跃在世界舞台，这些也许很快就会成为海外消费者的生活常态。据统计，2014年1—10月份中国海外投资总额为819亿美元，比上年同期增长了17.8%，这一规模几乎与中国吸引的外国直接投资规模相当。2013年，中国共有约 1.53 万家企业走出去，其中国有企业约占 55%，它们对全球 156 个国家和地区的 5090 家境外企业进行了直接投资，中国香港、东盟、欧盟、澳大利亚、美国、俄罗斯、日本七个主要经济体为投资集中区域。

所谓宽领域，就是立足于我国国情，通过对国际商品市场、资本市场、技术市场、劳务市场的开放，把对外开放拓宽到能源、交通等基础产业以及金融、保险、房地产、科技教育、服务业等领域。

（四）全面提高开放型经济的水平

1.加快转变对外经济发展方式

重点是转变外贸和利用外资方式。改革开放以来，我国对外贸易发展迅速，我国已成为世界第二大贸易国。但与此同时，出口贸易中也存在着出口商品多为附加值较小的低技术的产品和资源性、高耗能、高污染产品仍占较大比重等问题。为此，一方面要优化出口商品结构，努力提高"三个比重"，即尽快提高机电产品、高新技术产品和农产品在出口产品中的占比。大力发展服务贸易，支持软件、文化和中医药等重点领域服务出口。另一方面要加快提高企业自主创新能力。帮助企业提高自主研发和技术创新能力，不断开发和扩大具有自主知识产权优势的产品出口。加强引进技术和消化吸收相结合，不断提升传统出口产品的科技含量，提高出口竞争力。同时把扶持自主品牌特别是高科技自主品牌作为转变外贸发展方式的核心环节。逐步形成一批具有一定规模和较强竞争力的出口商品群。

转变利用外资方式的重点是发挥好外资在产业升级方面的积极作用。一方面借助外资促进各产业以技术为重点的自身素质的提高，统筹国内产业结构升级和承接国际制造业转移，引导外资更多地投向高技术产业、高端制造环节。另一方面借助外资促进第三产业的比重不断上升。我国服务业总体水平较为落后，扩大服务业开放，吸收外商投资，有利于引进新的服务业态、管理方式，培养服务业管理人才，并随着人才流动，向本土服务企业产生明显的溢出效应。我国服务贸易长期处于逆差状态，服务外包有利于提高我国服务业出口竞争力、解决中高层次劳动就业和扩大服务出口，要高度重视并加以发展。

2.坚持进出口并重，内外需协调

要树立新型对外经济合作观念，坚持在平等、互利、互惠的基础上同世界各国发展经贸关系，既努力争取和维护我国正当权益，又妥善处理同其他国家的利益关系，尽量减少我国对外经济贸易摩擦。当前国际经济复苏放缓，外部需求依然疲软，为保持经济长期平稳较快发展，必须继续把经济增长的基本立足点放到扩大国内需求上。但是，这并不意味着要忽视或放弃外需。作为一个开放的经济体，中国经济已经融入了世界，内

需和外需都是推动经济平稳较快发展的重要动力。如果一味地强调内需为主，而促进外贸稳定增长的政策措施不到位，一旦出口持续下降幅度过大，必然导致企业停产倒闭增多、失业人员增加等经济和社会问题。

知识链接

从本质上讲，内需与外需是相互影响、相互促进的。一方面，内需的快速增长为扩大外需奠定了坚实的基础。国内市场和生产的扩大，可以增强产业竞争力，提高产业配套能力，为进一步扩大出口创造条件；国内研发和技术设备投资的增加，可以带动出口产品的技术含量和附加值的提高，推动高新技术产品出口。另一方面，外需可以直接带动国内消费、投资和政府开支的增加。出口可以直接带动就业，提高居民的收入，拉动国内消费；外需扩大形成的规模经济和产业集聚效应，有利于降低中、高档消费品价格，促进国内消费结构升级；外需作为最终需求，对相关产业及其上下游产业的投资需求具有引导作用和乘数效应；制成品出口增加形成的技术外溢效应，可以带动国内技术进步和产业升级。

3. 提高利用外资综合优势和总体效益

要发挥利用外资在推动科技创新、产业升级、区域协调发展等方面的积极作用，坚持以我为主、择优选择，积极稳妥推进服务业开放，促进"引资"与"引智"相结合，引导外资向中西部地区转移和增加投资。

提高利用外资综合优势和总体效益，一方面要尽可能地提高其对国内经济发展的积极作用。比如外商投资企业的创新，是我国建设创新型国家的一部分，其技术溢出将有利于增强本土企业的创新能力。未来吸收外资，要把提高外资项目的技术水平与溢出效应放在重要位置。同时要发挥好外资在区域协调发展方面的积极作用。东部地区要继续发挥经济外向程度高和资金、人才、技术、区位、配套能力等方面优势，率先实现利用外资由"量"到"质"的转变。同时明确不同的区域定位，引导外资更多地投向中西部地区和东北地区等老工业基地优势产业和特色产业。在全国逐步取消外资优惠政策的过程中，适当保持中西部地区的政策优势。另一方面还要尽可能降低吸引外资付出的成本，防止负面作用。控制引资的政策成本，控制引资的土地、资源与环境成本，控制招商引资的直接成本，实现从"招商引资"向"招商选资"的转变，降低招商成本。

4. 加快走出去步伐，增强竞争新优势

创新对外投资和合作方式是加快走出去步伐、构筑我国参与国际经济合作和竞争新优势的重要路径。第一，积极开展跨国并购。支持具备条件的企业在全球整合资源链，树立自己的国际知名品牌，打入国际主流市场。以企业为主体，全面提升生产要素跨境流动水平；加强海外能源资源合作开发；推动从生产制造向研发和市场营销环节延伸，从制造业向服务业延伸，从"绿地投资"为主向"绿地"和"并购"多种投资方式并举转变。第二，加强国际能源资源互利合作。推动在资源富集地区进行能源资源开发、农业项目综合开发和远洋渔业资源开发，建立多元、稳定、可靠的能源资源供应保障。第三，开展境外加工贸易。通过加工贸易方式，可以有效释放我国已经形成的充足生产能力，规避贸易壁垒，带动相关产品的出口。要继续推进我国已启动的境外经济贸易合作区的建设，从政策、资金、配套服务等方面积极支持企业"走出去"。第四，继续推动对外间接投资。以国家外汇投资公司等方式，拓展境外投资渠道，逐步形成以企业和居民为主体的对外间接投资格局。继续促进中资境外企业对外投资方式向投资办厂带动跨国并购，股权置换，境外上市，设立研发中心，创办工业园区、科技园区等多种形式发展。

我国实行对外开放，发展对外经济关系，必须始终坚持独立自主、自力更生的原则。

独立自主，是指自己拥有处理本国事务（包括经济事务）的权利，不受任何外来的干涉；自力更生，是指主要依靠本国人民的智慧和力量，充分利用本国资源发展本国经济。这就是说，我国在进行社会主义建设过程中，必须把立足点放在独立自主、自力更生的基础上，从本国的实际出发，主要依靠本国的人力、物力和财力，充分发挥自身的潜力和优势来发展自己。

中国是人口众多的发展中的社会主义大国，任何时候都不能依靠别人搞建设，必须把独立自主、自力更生作为自己发展的根本基点。独立自主、自力更生不是闭关自守，不是盲目排外，而是在立足于自身发展的基础上实行对外开放。

5. 提高抵御国际经济风险能力

随着我国国内经济与世界经济的联系更加紧密，影响经济社会稳定和发展的外部因素进一步增多，风险进一步加大。例如，我国能源进口大幅度增加，能源消费的对外依赖程度持续上升。近年来外贸依存度最高时段已经达到70%以上，国际市场的风吹草动必然影响到我国的对外贸易，进而影响到整个国民经济运行。外商直接投资也是一把"双刃剑"，如果使用得当，外资可以促进我国经济发展，增强我国的经济竞争力，改善国家经济安全。但是，如果管理失当，则可能出现外资在国内市场的垄断、对战略行业的控制等风险，威胁国家经济安全。

为此，一方面要全面提高企业、产业和整个国民经济的竞争力，特别是增强作为经济血脉的金融业的整体实力，以此打牢抵御国际经济金融风险的基础；另一方面建立健全风险预警和突发事件应急处理机制，提高规避风险和化解风险的能力。要密切关注世界经济走势，对苗头性、趋势性问题早发现、早研究、早采取措施。要建立健全国内市场运行监控体系和国际收支预警机制，加强对商品进出口、资本跨境流动的监测。强化对各种金融风险的监测和对金融市场的监管，提高金融企业的抗风险能力。此外，还应充分利用我国经济发展迅速、国内市场广阔、综合实力不断提高的有利条件，积极参与国际经济规则的制定，促进公平合理的国际经济新秩序的构建，为增强抵御国际经济金融风险的能力创造良好的外部条件。

议一议

在国产汽车如何发展的问题上，一直有两种倾向，一种认为应坚持独立自主，自创品牌，另一种坚持对外开放，全面引进。

体验与践行

举例说明改革开放给我们的日常生活带来哪些变化。

专题三

拥护社会主义政治制度

学习目标

认知目标：了解我国社会主义政治制度的有关内容，了解我国政治制度的优越性。

能力目标：能够进行正确的政治价值判断和政治行为选择，以实际行动维护国家政治制度。

情感态度与价值观：认同社会主义政治制度，坚定走中国特色社会主义政治发展道路的信念；坚持中国共产党的领导地位不动摇，增强明辨是非的能力。

第一节　我国社会主义政治制度

中国共产党把马克思主义民主政治理论同中国实践相结合，建立起一套符合国情的社会主义民主政治制度。1954年宪法确立了人民代表大会制度是我国的根本政治制度。我国以后虽多次修改宪法，但以人民代表大会制度为核心的基本政治制度并未改变。我国还结合国情，创造性地建立了中国共产党领导的多党合作和政治协商制度、民族区域自治制度及基层群众自治制度。

一、人民民主专政的社会主义国家

《中华人民共和国宪法》第1条即规定："中华人民共和国是工人阶级领导的、以工农联盟为基础的人民民主专政国家。"我国的国家性质是人民民主专政的社会主义国家。社会主义是我国国家性质最集中和最深刻的体现，是我国同资本主义以及其他历史类型国家区别开来的根本准则。

我国的国家性质就是我国的国体。国体就是各个阶级在国家中的地位，具体地说就是哪个是统治阶级哪个是被统治阶级。

人民民主专政的本质是人民当家做主。人民民主具有广泛性和真实性的特点。我国民主的广泛性表现在以下两方面：

第一，民主主体的广泛性。在我国，包括工人、农民、知识分子和其他社会主义劳动者，拥护社会主义的爱国者，拥护祖国统一的爱国者在内的全体人民都是国家和社会的主人。他们平等享有管理国家和社会事务的权利。

第二，人民享有民主权利的广泛性。我国《宪法》第二章确认我国公民享有政治、经济、文化等社会生活各方面的广泛的民主自由权利。

人民民主专政的特点在于：

（1）人民民主专政实行大多数人对极少数敌人的专政。阶级斗争在一定范围内长期存在，是坚持国家专政职能的重要依据。在社会主义制度建立之后，剥削阶级作为一个阶级已被消灭，阶级矛盾已不是社会的主要矛盾。但是受国内外因素的影响，阶级斗争还将在一定范围内长期存在，在某种条件下还可能被激化。

（2）人民民主专政，在概念表述上直接体现了民主与专政的辩证统一。它明确地表明了我国的阶级状况和政权的广泛社会基础；在实践上能使人们正确理解我国政权的性质和职能，防止只强调专政而忽视民主或只强调民主而忽视专政的片面性，有利于人民当家做主和对敌人实行专政。

人民民主专政的国家性质决定了国家政权组织形式，是我国社会主义政治制度的基础。

二、人民代表大会制度

资料链接

申纪兰，山西平顺西沟人，是一名普普通通的农村妇女。1952年被评为全国农业劳动模范。从1954年当选第一届全国人大代表，到2013年当选第十二届全国人大代表，她是全国唯一的一位从第一届连任到第十二届的全国人大代表，是人民代表大会制度健全和完善的历史见证人。

我国社会主义国家性质决定了必然实行人民当家做主的政权组织形式。人民代表大会制度是我国的根本政治制度。我国《宪法》规定："中华人民共和国的一切权力属于人民。""人民行使国家权力的机关是全国人民代表大会和地方各级人民代表大会。"全国人民代表大会是最高国家权力机关，全国人民代表大会及其常委会行使最高立法权、最高决定权、最高任免权、最高监督权。它在我国的国家机构体系中居于最高地位，其他国家机关的权力都不能超越它。全国人民代表大会常务委员会是全国人民代表大会的常设机关。

地方各级人民代表大会是地方国家权力机关，地方本行政区域内的一切重大问题，都由它讨论决定，并由它监督实施。地方各级人民代表大会同全国人民代表大会一起，共同构成了全国国家权力机关的完整体系。

人民代表大会制度直接体现了人民当家做主的国家性质，是实现人民当家做主的最好的政权组织形式。由于人民代表大会是由人民选举的代表组成的，是代表人民行使国家权力，因此，对国家和地方事务的重大决定能够反映人民的利益和要求，从而保证人民当家做主。

从与国家其他管理制度的关系来看，人民代表大会制度是建立国家其他管理制度的基础。全国人民代表大会是最高国家权力机关，根据宪法和有关法律，创建和决定国家其他各种管理制度，如经济制度、教育制度、财经制度、婚姻制度等。其他制度的改革、改善也是由人民代表大会决定的。

人民代表大会制度具有无与伦比的特点和优点。首先，国家的一切权力属于人民，我国人民代表大会制度是人民当家做主的主要制度形式，具有真正的人民性和广泛的代表性。全国和地方各级人民代表大会代表都由民主选举产生，对人民负责，受人民监督，人民通过各级人民代表大会代表，依照宪法和法律规定管理国家事务，管理经济和文化事业，管理社会事务。其次，各级人民代表大会及其常委会实行民主集中制原则，集体行使权力，集体决定问题。人大及其常委会在决定问题时，所有组成人员只有一人一票的权力，不是个人或少数人说了算，以保证决定的问题集中人民的意志，代表人民的利益。第三，国家行政机关、审判机关和检察机关都由人民代表大会产生，对它负责，受它监督。第四，中央和地方的国家机构职权的划分，遵循在中央的统一领导下，充分发挥地方的主动性、积极性的原则。第五，各民族一律平等。国家保障各少数民族的合法的权利和利益，维护和发展各民族的平等、团结、互助关系。

我国实行人民代表大会制度，是因为这种政治制度最符合中国国情，并能够使国家权力最终掌握在人民手中。坚持按照人民代表大会制度办事，是维护人民根本利益的可靠保证，也是我们国家能够经得起各种风险、克服各种困难、保持长治久安的可靠保证。

资料链接

　　中共中央总书记、国家主席习近平在庆祝全国人民代表大会成立60周年大会上指出，中国特色社会主义政治制度之所以行得通、有生命力、有效率，就是因为它是从中国的社会土壤中生长起来的。中国特色社会主义政治制度过去和现在一直生长在中国的社会土壤之中，未来要继续苗壮成长，也必须深深扎根于中国的社会土壤。

三、我国的政党制度

我国的国情、国家性质和社会发展状况，决定了我国实行的政党制度是中国共产党领导的多党合作和政治协商制度。中国共产党领导的多党合作和政治协商制度，是在中国共产党的领导下，各民主党派、各人民团体、各少数民族和社会各界的代表，对国家的大政方针以及政治、经济、文化和社会生活中的重要问题进行协商的制度。

（一）多党合作和政治协商制度

多党合作和政治协商制度是有中国特色的社会主义政党制度，是我国的一项基本政治制度。它具有如下特征：

第一，在多党合作的关系中，共产党是处于政治领导地位的唯一政党。虽然共产党同其他民主党派在法律上是完全平等的，但在政治上，各个民主党派是接受共产党领导的。中国共产党对各民主党派的领导是政治领导，即政治原则、政治方向和重大方针政策的领导。

第二，在共产党领导下，民主党派与共产党的关系是一种政治上密切合作的关系。中国共产党是社会主义事业的核心力量，是执政党；各民主党派是各自所联系的一部分中国特色社会主义事业的建设者和爱国者的政治联盟，接受共产党的领导，是共产党的友党、参政党。民主党派的主要作用是政治协商、参政议政

2015 年 3 月 3 日，中国人民政治协商会议第十二届全国委员会第三次会议在北京人民大会堂开幕。（新华社记者李贺摄）

和民主监督，它们与共产党的关系，不是政治竞争以图轮流执政的关系，而是共产党执政、各民主党派共同参政的关系。

第三，四项基本原则是多党合作的政治基础。四项基本原则是我国的立国之本，也是多党合作之本。中国共产党自成立起就一直把社会主义（共产主义）作为奋斗目标，各民主党派在多年的斗争实践中也逐渐放弃了旧式民主共和的主张，认同了社会主义的经济制度和民主共和政体，将四项基本原则写入各自的党纲和章程，并在实践中加以坚持。共产党与民主党派的这种共识，形成了多党合作坚实的政治基础。

第四，多党合作的指导方针是"长期共存、互相监督、肝胆相照、荣辱与共"。这一方针是多党合作的思想基础。"十六字方针"不仅有利于互相监督，有利于政治民主，对多党合作的政党体制也起了稳定和强化的作用。

第五，共产党和民主党派的合作形式是多种多样的。如吸收民主党派人士参加国家政权，邀请民主党派代表列席共产党的代表大会，通过各种座谈会、恳谈会直接听取各民主党派的意见等。在各种合作形式中，政治协商会议是最重要的组织形式，是共产党与各民主党派进行合作的重要渠道和场所。

在我国实行中国共产党领导的多党合作和政治协商制度，有利于加强和改进党的领导，有利于加强社会主义民主政治建设，有利于团结一切可以团结的力量，推进改革开放和祖国统一大业。因此，必须坚持和完善这一制度，巩固和发展最广泛的爱国统一战线。

我国的政党制度，既截然不同于一党制，也根本区别于西方的多党制，是适合中国国情的具有中国特色的政党制度。

（二）坚持中国共产党的领导

我国的各项事业发展都要坚持中国共产党的领导，中国共产党是中国革命事业的中流砥柱。中国共产党的领导地位是在长期的革命和建设中形成的。从鸦片战争到中国共产党成立前，封建统治者丧权辱国，社会战乱不断，国家积贫积弱，人民饥寒交迫。从

中国共产党成立到现在，中国人民在中国共产党的领导下空前团结和组织起来，冲破重重难关，革命斗争不断胜利；新中国成立后，经济快速发展，国家日益昌盛，人民的社会地位、物质生活水平和文化教育水平显著提高。从这前后的比较中，中国人民和中华民族一切爱国力量深深认识到，中国能从最悲惨的境遇向着光明的前途实现伟大的历史转变，就是因为有了中国共产党的领导。没有共产党，就没有新中国。有了共产党，中国的面貌就焕然一新。这是中国人民从长期奋斗历程中得到的最基本最重要的结论。

中国共产党的领导是中国特色社会主义事业胜利的根本保证。只有坚持党的领导，才能始终保证中国特色社会主义事业的方向。社会主义现代化建设，始终是同社会主义基本制度结合在一起的。譬如，在所有制结构上，坚持公有制为主体，多种所有制经济共同发展；在分配制度上，坚持按劳分配为主体，多种分配方式并存的制度。把按劳分配和按生产要素分配结合起来，坚持效率优先，兼顾公平，有利于优化资源配置，促进经济发展，保持社会稳定等等。总之，我们的目标，是把中国由不发达的社会主义国家变成富强、民主、文明的社会主义现代化国家，使社会主义制度的优越性在中国充分体现出来。很显然，这些都是党的根本纲领、政治路线在社会主义建设问题上的具体体现。

历史经验证明，坚持中国共产党的领导具有重要意义。只有坚持党的领导，才能顺利实现党提出的战略目标，始终保证我国沿着中国特色社会主义的方向顺利前进。只有坚持党的领导，才能为中国特色社会主义事业创造长期安定团结的政治局面和稳定的社会环境。只有坚持党的领导，才能更有效地动员和组织广大群众投身到中国特色社会主义伟大事业中来，为实现祖国的富强、人民的富裕和民族的伟大复兴而奋斗。

我们党的最大优势就是善于组织群众、宣传群众、联系群众。我们党坚持群众路线，能够通过制定符合中国国情和人民群众根本利益的路线、方针和政策，最大限度地调动起人民群众的社会主义积极性；能够通过强有力的思想政治工作，使全国人民团结一致地为实现社会主义现代化而奋斗；能够通过党对国家政权机关、经济组织、文化组织、人民团体实行正确而有效的领导，通过自己的基层组织的战斗堡垒作用和共产党员的先锋模范作用，把人民群众组织、带动起来，形成一支浩浩荡荡的社会主义建设大军，同心同德地为实现祖国的富强、人民的富裕和民族的伟大复兴而奋斗。在我们这样一个多民族的发展中的大国，要把十三亿人的力量凝聚起来，向着社会主义现代化的目标前进，必须有中国共产党的坚强领导。否则，就会成为一盘散沙，四分五裂，不仅现代化实现不了，而且必然陷入混乱的深渊。这是总结近代以来中国发展的历程得出的结论，也是分析许多国家发展的经验教训得出的结论。

（三）加强和改善党的领导

要坚持党的领导，必须改善党的领导。从中国共产党建立到现在，我们的党员队伍，党所处的地位和环境，党所肩负的任务，都发生了重大变化。我们要坚持从新的实际出发，以改革的精神推进党的建设，不断为党的肌体注入新活力。加强和改善党的建设，一定要坚持党要管党、从严治党的方针，进一步解决提高党的领导水平和执政水平、提高拒腐防变和抵御风险能力这两大历史性课题；一定要准确把握当代中国社会前进的脉搏，改革和完善党的领导方式和执政方式、领导体制和工作制度，使党的工作充满活力。

四、民族区域自治制度与宗教政策

中国自古就是一个统一的多民族国家。数千年来，曾有许多民族活跃在各个时期的历史舞台上。经过长期的分化、融合和发展变化，最终形成今天汉族和 55 个少数民族并存的局面。世界上的多民族国家在处理民族问题上有不同的制度模式，我国采用的是民族区域自治制度。

知识链接

民族，指的是一群人觉得他们自己是一个被历史、文化和共同祖先所联结起来的共同体，具有共同特质。特质可能包括地域、语言、宗教、外貌特征或共同祖先等"客观"特质，也包括"主观"的特质，特别是人们对其民族性的认知和感情。

（一）民族区域自治制度

民族区域自治是在国家统一领导下，各少数民族聚居的地方设立自治机关，行使自治权，实行区域自治。民族区域自治制度是党和国家根据中国的历史发展、文化特点、民族关系和民族分布等具体情况作出的制度安排，符合各民族人民的共同利益和发展要求，是我国的一项基本政治制度。它体现了党和国家充分尊重和保障各少数民族管理本民族内部事务权利的精神，体现了党和国家坚持实行各民族平等、团结和共同繁荣发展的原则。

我国的《宪法》和《民族区域自治法》，对民族区域自治及其实施作出明确规定：民族自治地方的自治机关，是自治区、自治州、自治县的人民代表大会和人民政府，它们在行使同级地方国家机关职权的同时，拥有自治权。一是自主管理本民族、本地区的内部事务。二是享有制定自治条例和单行条例的权利。三是使用和发展本民族语言文字。四是尊重和保护少数民族宗教信仰自由。此外，民族自治地方还有权保持或者改革本民族风俗习惯，自主安排、管理和发展本地方经济建设事业，自主管理地方财政，自主发展教育、科技、文化、卫生、体育等社会事业。

当然，民族区域自治是在国家统一领导下实施的。国家通过各种措施帮助和支持民族自治地方发展经济社会各项事业，主要包括：把加快民族自治地方的发展摆到更加突出的战略位置，优先合理安排民族自治地方基础设施建设项目，加大对民族自治地方财政投入和金融支持力度，重视民族自治地方的生态建设和环境保护，采取特殊措施帮助民族自治地方发展教育和科技事业，加大对少数民族贫困地区的扶持力度，增加对民自治地方社会事业的投入，扶持民族自治地方扩大对外开放，组织发达地区与民族自治地方开展对口支援，照顾少数民族特殊的生产生活需要等。

知识链接

自治地方

自治地方是指在少数民族聚居区基础上实行民族区域自治的行政区域，分自治区、自治州、自治县（旗）三级。据1990年统计，我国已建立了154个民族自治地方，有5个自治区、30个自治州、119个自治县（旗）。自治地方的基本形式有三种：

（1）以一个民族聚居区为基础建立的民族自治地方。如西藏自治区、四川凉山彝族自治州。

（2）以两个或两个以上的少数民族聚居区为基础建立的民族自治地方。如湖南省湘西土家族苗族自治州、云南省双江拉祜族布朗族佤族傣族自治县。

（3）以一个较大民族聚居区为基础，其中包括级别不同的若干较小规模的其他民族聚居区而建立的民族自治地方。如新疆维吾尔自治区，又包括有昌吉回族自治州和巴里坤哈萨克自治县等。

无论是哪一种形式的民族自治地方，都有一定数量的汉族和其他少数民族。这是历史发展形成的，也是历史发展的必然趋势。

找一找

你能从地图上找出我国设立的自治区吗？请你说说自治区和省、直辖市相比有何不同。

我国实行民族区域自治制度，这是由我国的历史特点和现实情况决定的。

第一，中国自秦汉以来，就是统一的多民族国家。中央集权制是两千多年来中国封建社会的显著特点，各民族地区在中央集权制下和中原地区紧密联系，不可分割。统一是各族人民的共同愿望和要求，是中国封建社会发展的总趋势。到近现代，特别是在中国共产党领导下，各族人民为建立统一的、民主的国家进行了长期斗争。新中国成立后，建立统一的、民族平等的主权国家成为可能。

第二，我国各民族有自己的特点。我国56个民族，人口上的差别较大，汉族人口占全国总人口的绝对多数，有的民族人口则不足一万人。从分布特点来说，呈现"大杂居，小聚居"状态，各民族之间"你中有我，我中有你"，相互依存，不可分割。这种特点，适宜以各少数民族聚居地区为基础建立民族区域自治制度。

第三，我国人口、资源分布和经济文化发展不平衡。一般来说，少数民族地区资源丰富，地域辽阔，但经济文化落后；汉族人口众多，经济文化比较发达。在社会主义建设中，只有把先进的科学技术和丰富的物质资源结合起来，先进地区和落后地区互相帮助，取长补短，才能共同繁荣。这种情况，说明只有实行民族区域自治制度，才有利于各民族的发展和国家的繁荣、昌盛。

第四，我国各民族在长期共同斗争中形成了政治认同。一百多年的近现代史证明，各民族只有团结起来，共同战斗，才能战胜国内外反动势力，捍卫国家的主权、独立和统一，才能维护各民族的共同利益。从而为实行民族区域自治奠定了坚实的政治基础。

由于成功地实行民族区域自治制度，我国少数民族依法自主地管理本民族事务，民主地参与国家和社会事务的管理，保证了我国各民族不论大小都享有平等的经济、政治、社会和文化权利，共同维护国家统一和民族团结，反对分裂国家和破坏民族团结的行为，形成了各民族相互支持、相互帮助、共同团结奋斗、共同繁荣发展的和谐民族关系。

实行民族区域自治制度既符合我国历史发展，又符合我国现实情况，合乎国情，顺乎民意，具有独特优越性。这一制度有利于国家的集中统一领导与民族区域自治的有机结合；有利于保障少数民族人民当家做主的权利得以实现；有利于发展平等、团结、互助、和谐的社会主义民族关系；有利于把少数民族的特殊利益同国家的整体利益协调起来。

想一想

少数民族的同学参加高考享受加分政策，这一政策倾斜是否有悖于民族平等原则？

（二）我国的宗教政策

民族问题往往同宗教问题联系在一起，正确认识和处理宗教问题对于国家的统一及民族的团结起着越来越重要的作用。中国自古就是一个多民族、多宗教的国家，中国的宗教不仅有国外传入的佛教、伊斯兰教、基督教等世界性宗教，还存在着中国本土生长的道教，以及各少数民族的原始宗教信仰。这些宗教对我国政治和社会生活的许多方面有着深刻的影响。宗教制度作为公共制度的一个重要组成部分，规范着我国宗教团体、宗教组织和信教群众的社会公共活动。

我国《宪法》第36条规定："中华人民共和国公民有宗教信仰自由。任何国家机关、社会团体和个人不得强制公民信仰宗教或者不信仰宗教，不得歧视信仰宗教的公民和不信仰宗教的公民。国家保护正常的宗教活动。任何人不得利用宗教进行破坏社会秩序、损害公民身体健康、妨碍国家教育制度的活动。宗教团体和宗教事务不受外国势力的支配。"

公民有信仰宗教和不信仰宗教的自由。每个公民既有信仰宗教的自由，也有不信仰宗教的自由；有信仰这种宗教的自由，也有信仰那种宗教的自由；在同一宗教里面，有信仰这个教派的自由，也有信仰那个教派的自由；有过去不信教而现在信教的自由，也有过去信教而现在不信教的自由。既尊重和保护信教的自由，也保护不信教的自由。全面正确贯彻宗教信仰自由政策，一方面要求尊重每个公民信仰宗教的自由和不信仰宗教的自由。任何组织和个人都不得强制公民信仰宗教或者不信仰宗教，不得歧视信仰宗教的公民和不信仰宗教的公民。另一方面要求坚持权利和义务的统一。宗教信仰自由不等于宗教活动可以不受任何约束。宗教界人士和信教群众首先是中华人民共和国的公民，要把国家和人民的根本利益放在首位，承担遵守宪法、法律、法规和政策的义务。

宗教必须在宪法、法律和政策范围内活动。公民在行使宗教信仰自由权利的同时，有遵守宪法和法律的义务。任何国家机关、社会团体和个人不得损害宗教界的合法权益，干预正常的宗教活动；任何人也不能利用宗教破坏社会秩序、损害公民身体健康，更不允许利用宗教反对党的领导和社会主义制度，破坏国家统一和民族团结。

知识链接

邪教的本质

邪教不是宗教，在我国特指冒充宗教的一种邪恶势力。邪教往往冒用宗教的名义或打着宗教的旗帜，歪曲宗教经典，掺杂大量迷信内容，拼凑所谓"教义"，神化首要分子，以传教方式发展成员。邪教常常以犯罪的形式出现，非法建立相对固定、十分诡秘的组织体系，诈骗钱财，盘剥群众，致人伤残或死亡，破坏家庭，制造和传播谣言。

邪教从本质上来说是违反传统的教义、教程，反社会、反政府、反人类的邪恶势力，具有极大的社会危害性。因此，我们必须把宗教和邪教组织严格区别开来，认识邪教的本质及其危害。

在我国，各宗教一律平等。我国的佛教、道教、伊斯兰教和基督教等不论信众多寡、影响大小，在法律面前一律平等，没有占统治地位的宗教。政府对这些宗教一视同仁，不加歧视。

宗教与国家政权分离。按照这一原则，任何人都不得利用宗教干预国家的行政，不得干预司法、学校教育和社会公共教育等。国家政权也不能被用来推行或禁止某种宗教。

宗教团体和宗教事务不受外国势力的支配。我国宗教事务由中国人自己来办，不受外国势力的干涉和控制，成为我国各宗教共同遵循的一个原则。我国的宗教团体在坚持独立自主自办的方针下，实行自治、自养、自传。独立自主自办的方针并不排斥在互相尊重、平等友好的基础上与世界各国宗教组织或宗教人士进行交往。

我国《宪法》规定："宗教团体和宗教事务不受外国势力的支配。"任何境外组织或个人不得干预我国的宗教事务。我国政府支持宗教界在平等友好的基础上开展对外交往，抵御境外势力利用宗教对我国进行渗透，坚决打击宗教极端势力。

做一做

下列哪种行为符合我国宗教政策？

A. 外国传教士在我国宗教场所传教

B. 与信教群众进行有神或无神的辩论

C. 有按宗教信仰参加或不参加宗教仪式的自由

D. 有在宗教场所或非宗教场所宣传唯物论或唯心论的自由

五、基层群众自治制度

扩大基层民主，是完善发展中国特色社会主义民主政治的必然趋势和重要基础。随着经济社会的发展，我国各地城乡基层民主不断扩大，公民有序参与政治的渠道增多，民主的实现形式也日益增多。多种实现形式的基层群众自治体系已经建立并得到发展和完善。

基层群众自治制度，是依照宪法和法律，由居民（村民）选举的成员组成居民（村民）委员会，实行自我管理、自我教育、自我服务、自我监督的制度。党的十七大将"基层群众自治制度"首次写入党代会报告，使得该制度正式与人民代表大会制度、中国共产党领导的多党合作和政治协商制度、民族区域自治制度一起，纳入了中国特色政治制度范畴。

基层群众自治制度已成为我国发展社会主义民主政治最直接、最广泛、最生动的民主实践，有利于人民群众依法管理自己的事务和公民意识、民主素质的提高。实行基层群众自治，发展基层直接民主，保障人民依法直接行使民主权利，是中国特色社会主义民主政治制度的重要组成部分，是人民当家做主最有效、最广泛的途径。

扩大基层民主，是完善发展中国特色社会主义民主政治的必然趋势和重要基础。随着经济社会的发展，我国各地城乡基层民主不断扩大，公民有序参与政治的渠道增多，民主的实现实现形式愈加丰富。

经过几十年的发展，我国的基层民主已经初步形成了自己的体系。我国《宪法》规定："城市和农村按居民居住地区设立的居民委员会或者村民委员会是基层群众性自治组织。"同时，基层群众自治制度还包括以职工代表大会为基本形式的企事业单位民主管理制度等。

　　村民自治制度就是广大农民群众通过"民主选举、民主决策、民主管理、民主监督"的方式，直接行使民主权利，依法办理自己的事情，实行自我管理、自我教育、自我服务的一项基本社会政治制度。在农村村民自治制度中，村民委员会是一种有效的基层群众自治的组织形式，是农民群众在实践中创造的产物，是宪法对村民会议或户派代表参加会议规定条文内容的延伸和发展。我国以法律的形式确立了村民委员会在农村自治中处于主导地位。

资料链接

　　1980 年，广西宜州市合寨村的 85 位农民，自发组织选举村干部，成立了中国第一个村民委员会。合寨村村民委员会从本村实际出发，订立村规民约，制定管理章程，依法民主管理村内公共事务，开创了中国基层民主政治建设的先河。合寨村率先实行的村民自治和安徽凤阳小岗村"家庭联产承包责任制"，被誉为中国农民的两大首创。

　　城市居民自治制度表现为城市社区居民通过一定的组织形式，依法享有和实现自主管理社区事务的权利，通过民主选举、民主决策、民主管理和民主监督，创建社区体制，优化社区资源，完善社区功能，不断提高社区居民的生活质量。居民委员会是广大城市居民实行自治和推进民主建设的重要途径，是群众自治性的居民自治组织。居民委员会制度是城市居民依法实行的群众自治和直接民主制度。

知识链接

中华人民共和国村民委员会组织法
中华人民共和国城市居民委员会组织法

中国法制出版社

　　1989 年 12 月 26 日，七届全国人大常委会第十一次会议通过了《中华人民共和国城市居民委员会组织法》。

　　1998 年 11 月 4 日，九届全国人大常委会第五次会议通过了《中华人民共和国村民委员会组织法》。

职工代表大会是企事业单位实行民主管理的基本形式，是职工行使民主管理权力的机构，是我国基层企事业单位民主政治建设的基本制度。企事业单位的职工代表大会由全体职工直接选举产生的职工代表组成，职工代表代表企业全体职工行使广泛的民主管理权力。

截至 2007 年底，我国农村有 61 万多个村民委员会，城市有 8 万多个社区居民委员会。自《村民委员会组织法》和《城市居民委员会组织法》实施以来，全国绝大多数农村和城市已进行了 6 次以上的村（居）民委员会换届选举。85% 的农村建立了实施民主决策的村民大会或村民代表大会，90% 以上的农村建立了保障民主监督的村民理财小组、村务公开监督小组等组织，村务公开、民主评议等活动普遍开展。89% 的城市社区建立了居民（成员）代表大会，64% 的社区建立了协商议事委员会，22% 的社区建立了业主委员会，居民评议会、社区听证会等城市基层民主形式普遍推行，收到了良好的效果。总的来看，经过长期的发展，我国基层群众自治制度体系已基本确立，组织载体日益健全，内容不断丰富，形式更加多样，城乡基层群众自治正在社会主义民主政治建设中发挥着越来越大的作用。

我国的基层群众自治是一条发挥群众主体作用与国家主导作用有机统一的民主自治之路，是一条适应经济社会发展需要与为经济社会发展服务有机统一的民主自治之路，是一条发展的渐进性与发展的创新性有机统一的民主自治之路，是一条培育人民的民主意识与维护人民的实际利益有机统一的民主自治之路，是一条实体性民主与程序性民主有机统一的民主自治之路。我们党在准确把握社会主义民主政治发展规律的基础上，把基层群众自治制度提升为我国政治制度的一项基本内容，顺应了时代潮流，符合党心民心，必将产生深远的影响。

体验与践行

深化政治体制改革，发展社会主义政治文明。扩大人民民主，健全民主制度，丰富民主形式，拓宽民主渠道，依法实行民主选举、民主决策、民主管理、民主监督，保障人民的知情权、参与权、表达权、监督权。这是我国政治文明的方向。

为了调动同学参与民主政治的热情，请同学组织一次本系学生会主席模拟选举活动。

1. 请你设计学生会主席选举的流程。

2. 你认为选举前应该做哪些准备工作？

3. 你认为选举过程中应注意哪些问题？

第二节 我国民主政治的发展道路

中国共产党自成立之日起，就以争取和实现人民当家做主为己任，并为此进行了长期不懈的努力，在实践中成功开辟了一条中国特色社会主义政治发展道路。

一、人民民主是社会主义的生命

民主是社会主义的本质要求，人民民主是社会主义的生命，没有人民民主就没有社会主义。

（一）中国特色社会主义民主

新中国成立后尤其是改革开放以来，中国共产党坚持把马克思主义民主理论与中国实际相结合，积极学习借鉴人类政治文明有益成果，不断发展和完善中国特色社会主义民主，人民群众在政治、经济、文化和社会等方面的权益得到了充分实现。中国特色社会主义民主，既反映了我国社会主义国家的根本性质，又适合现阶段国情，体现了中国人民的伟大创造，与西方资本主义民主相比具有鲜明特点和独特优势。

资料链接

早在2000多年前，古希腊雅典城邦就曾实行公民大会、五百人议事会等民主形式，但是享有民主权利的"公民"仅占总人口的1/10左右，奴隶、妇女和外邦人等都不享有民主权利。可见，这种民主的实质是保证奴隶主阶级统治、由极少数人对绝大多数人实行专政的民主。由于不适应生产力进一步发展的要求，伴随古希腊文明的衰落，这种城邦式的民主实践也就逐步退出了历史舞台。

中国特色社会主义民主，以人民代表大会等一系列政治制度作为主要实现形式。在政体上，坚持人民代表大会这一根本政治制度，体现了我国的国体，保证了人民当家做主的主体地位，是人民掌握国家权力的根本途径和最高实现形式。

在政党制度上，坚持中国共产党领导的多党合作和政治协商制度，坚持共产党领导、多党派合作，共产党执政、多党派参政，把中国共产党领导和多党派合作有机结合起来。

在民族关系上，坚持民族区域自治制度，保证少数民族依法自主地管理本民族事务，实现了各民族政治上完全平等。

在基层民主上，实行基层群众自治制度，建立起以农村村民委员会、城市居民委员会和企业职工代表大会等为主要内容的基层民主自治体系，保证人民群众自主管理基层公共事务。

这一系列政治制度，具有鲜明的"中国特色"，既体现了社会主义民主的实质内容，又是民主的有效实现形式，是民主的内容真实性与形式多样性的有机统一。

中国特色社会主义民主真正实现了人民当家做主，有利于发挥人民群众以国家主人翁身份建设和管理国家的积极性、主动性、创造性。我国宪法明确规定中华人民共和国的一切权力属于人民。人民在国家政治生活、经济生活、文化生活和社会生活的各个方面，依法享有选举权和被选举权、知情权、参与权、表达权和监督权等权利。这些权利是不受民族、种族、性别、职业、家庭出身、宗教信仰、教育程度、财产状况等差异限制的平等权利，具有坚实的经济基础、法律和制度保障。广大人民群众真正成为国家、社会和自己命运的主人，也必然焕发出推进改革开放和现代化建设的热情和力量。

中国特色社会主义民主保证了国家机关协调高效运转，有利于发挥社会主义集中力量办大事、提高效率办成事的政治优势。我国的人民代表大会作为国家权力机关统一行使国家权力，实行民主集中制；国家行政机关、审判机关、检察机关虽然分工不同、职责不同，但都由人大选举产生、对人大负责。这就保证了各国家机关协调一致地高效运转，能够排除各种干扰，统筹兼顾各方利益，集中一切资源、力量和智慧用于国家建设。从实践来看，无论是应对四川汶川特大地震、青海玉树地震等自然灾害，还是成功举办北京奥运会、残奥会和上海世博会，以及成功应对国际金融危机冲击，从根本上讲，靠的就是中国特色社会主义政治制度的优势。

中国特色社会主义民主保障了国家的统一稳定，有利于实现国家长治久安、社会和谐。中国是一个多民族国家，幅员辽阔，人口众多，情况复杂，城乡之间、地区之间发展很不平衡，保证统一稳定对于中国极其重要。在中国，没有统一和稳定，就不可能有国家的繁荣富强和人民的安居乐业。中国共产党作为中国特色社会主义事业的坚强领导核心，领导全国各族人民在实践中形成并不断发展完善的一系列政治制度，为巩固和发展社会主义，实现国家的统一、民族的团结和社会的稳定提供了根本政治保证。

资料链接

1945 年 7 月，将近古稀之年的黄炎培以国民参政员的身份访问延安，头一次亲眼目睹了共产党的施政政策和解放区的成就，大为感慨。后来他又与毛泽东促膝长谈。黄炎培在肯定了边区的成就之后说："我生60多年，耳闻的不说，所亲眼看到的，真所谓'其兴也勃焉''其亡也忽焉'，一人，一家，一团体，一地方，乃至一国，都没有跳出这周期率的支配。"他希望中国共产党找出一条新路，来跳出这周期率的支配。毛泽东说："我们已找到了新路，这就是民主。只有让人民来监督政府，政府才不敢松懈。只有人人起来负责，才不会人亡政息。"

（二）深化政治体制改革

改革开放以来，我们把推动经济基础变革同推动上层建筑改革结合起来，积极稳妥地推进政治体制改革，不断完善党和国家领导制度、人民代表大会制度、中国共产党领导的多党合作和政治协商制度、民族区域自治制度、基层群众自治制度、行政管理体制、司法体制、决策机制、权力制约监督机制，取得了显著成效，有力维护了最广大人民群众的根本利益，促进了社会生产力的发展。当然，我们也要看到，与我国经济社会发展的新形势相比，与保障人民民主权利、维护社会公平正义的新要求相比，与人民政治参与积极性不断提高的新情况相比，我国政治体制还有一些不适应的地方，必须在深化改革中逐步加以完善。

政治体制改革事关党和国家工作全局，事关最广大人民群众的根本利益，必须始终坚持正确方向。我们进行政治体制改革，绝不是要放弃或削弱党的领导，而是要加强和改善党的领导；绝不是要放弃或改变社会主义的根本政治制度，而是要改革那些不适应社会生产力发展和人民要求的具体制度和体制，不断推进社会主义政治制度的自我完善和发展。

政治体制改革作为我国全面改革的重要组成部分，是一项复杂而庞大的系统工程，每一个措施都涉及千千万万人的利益，必须分步骤、有领导、有秩序地进行。中国是世界上最大的发展中国家，我们在发展进程中遇到的矛盾和问题，无论是规模还是复杂性，都是世所罕见的。深化政治体制改革，必须从中国实际出发，与我国生产力和生产关系的发展相适应，与我国的历史条件、经济发展水平和文化教育水平相适应，既要积极，又要稳妥，既要坚定不移，又要循序渐进，确保社会安定团结、和谐稳定。

二、发展社会主义民主政治

政治发展道路是否正确，对一个国家的盛衰兴亡具有决定性意义。人类政治文明发展的历史和现实情况说明，世界上并不存在唯一的、普遍适用的和绝对的民主模式。判断一种政治制度的优劣，最根本的是要看这种制度是否适合社会的经济基础，是否能够促进经济社会的发展进步；衡量一种政治制度是不是民主的，关键要看最广大人民的意愿是否得到了充分反映，最广大人民当家做主的权利是否得到了充分实现，最广大人民的合法权益是否得到了充分保障。对于我们这样一个发展中大国来说，始终坚持正确的政治发展道路更是一个关系全局的重大问题。从历史和现实的切身感受中，中国人民越来越深刻地认识到，中国特色社会主义政治发展道路，是符合我国国情、发展人民民主的唯一正确道路。

走中国特色社会主义政治发展道路，是历史的必然、人民的选择。近代以来，许多仁人志士曾经在中国尝试实行西方议会制和多党制，但都没有成功，甚至还导致军阀混战、内乱不止的局面。只有在中国共产党领导下，推翻了帝国主义、封建主义、官僚资本主义三座大山的统治，中国才真正走上了民主道路，实现了从几千年来封建专制统治到人民当家做主的历史性转变。改革开放以来，社会主义政治制度不断完善和发展，人民民主展现出更加旺盛的生命力和广阔的发展前景。坚持走中国特色社会主义政治发展道路，符合我国各族人民的共同意愿和根本利益，既是对历史负责，更是对现实和未来负责。

坚定不移地走中国特色社会主义政治发展道路，关键是要坚持党的领导、人民当家做主、依法治国有机统一。三者有机统一，是发展中国特色社会主义民主必须遵循的基本方针。

（一）党的领导是人民当家做主和依法治国的基本保证

没有共产党就没有新中国，就没有社会主义，就没有人民民主。中国共产党是一个全心全意为人民服务的政党，实现人民民主从根本上体现了中国共产党立党为公、执政为民的宗旨。从实践来看，人民利益需求具有广泛性和多样性，实现人民利益具有复杂性和艰巨性。这就要求，必须有中国共产党这样一个能够代表最广大人民根本利益、集中反映和有效体现人民共同意愿的政治领导核心，来实现和保证人民当家做主。历史和现实反复证明，坚持党的领导，是我国民主政治建设沿着正确方向前进的根本保证。

（二）人民当家做主是社会主义民主政治的本质和核心

人民是我们的力量源泉和胜利之本，人民当家做主是社会主义的本质特征和内在要求。共产党执政的实质，就是领导、支持和保证人民当家做主。当前，我国人民当家做主的制度不断健全、形式不断丰富、渠道不断拓宽。比如，在立法中，"开门立法"已经成为常态，公众参与程度越来越高；在重大决策中，听证会等征求民意、吸纳民智的形式普遍展开。这些都表明，保障人民当家做主的措施正在向广度深度发展。

（三）依法治国是党领导人民治理国家的基本方略

社会主义民主离不开社会主义法治。为了保障人民民主，必须加强法治，实现社会主义民主的制度化、法律化。依法治国，就是广大人民群众在党的正确领导下，依照宪法和法律规定，通过各种途径和形式管理国家事务，管理经济文化事业，管理社会事务，保证国家各项工作都依法进行。在实践中，中国共产党领导人民制定宪法和法律，并带头严格遵守和维护宪法和法律，加快建设社会主义法治国家。改革开放以来，中国用了大约 30 年的时间，完成了一些国家需几百年才能形成自己国家法律体系的任务。到 2009 年年底，全国人大及其常委会通过的现行有效的法律 230 多件，国务院行政法规 600 多件，地方性法规 7000 多件，基本形成了中国特色社会主义法律体系，为人民当家做主提供了坚实的政治和法律制度保障。

知识链接

法律是治国之重器，法治是国家治理体系和治理能力的重要依托。全面推进依法治国，是解决党和国家事业发展面临的一系列重大问题，解放和增强社会活力、促进社会公平正义、维护社会和谐稳定、确保党和国家长治久安的根本要求。要推动我国经济社会持续健康发展，不断开拓中国特色社会主义事业更加广阔的发展前景，就必须全面推进社会主义法治国家建设，从法治上为解决这些问题提供制度化方案。

——习近平《关于〈中共中央关于全面推进依法治国若干重大问题的决定〉的说明》

中国特色社会主义民主是动员、团结和组织全体人民进行社会主义建设，保持社会稳定，促进社会和谐，使社会充满创新活力的基本保障。中国特色社会主义民主在促进中国经济社会全面发展方面体现出了明显的制度优势。

中国特色社会主义民主有利于充分调动人民群众的积极性、主动性和创造性。中国特色社会主义民主是最真实、最广泛的民主，能够真正实现和落实人民当家做主的原则。只有在社会主义制度下，才能真正实现人民当家做主，人民才能真正成为国家和社会的主人。在社会主义制度下，人人依法所享有的民主权利，是不受财产、职位、民族和性别差异限制的平等权利。在我国社会主义基本经济制度的基础之上，中国特色社会主义民主保障了我国人民的自由与权利，人民可以依法选举人民代表，依法对国家和社会事务实行民主管理、民主决策和民主监督，人民群众真正成为国家政治上的主人；在社会文化生活中，人民依法享有受教育的平等权利，享有信仰自由、文化创造与文化享受的多种、广泛的文化权利，人民群众真正成为文化上的主人。在经济、政治和文化上真实地享有主人翁的地位，广大人民群众的积极性、主动性和创造性就能够被充分地调动和发挥出来。这为新中国成立 60 多年来，特别是改革开放 30 多年来我们所取得的举世瞩目的伟大成就所证明。

中国特色社会主义民主有利于形成代表中国人民的整体利益、根本利益和长远利益的路线、方针和政策。作为一个社会主义国家，中国必须通过充分调动全体人民的积极性、主动性和创造性，来实现广大人民的根本利益。要完成这一任务，最根本的就是要使国家制定的路线、方针、政策，能够正确地反映全体人民的整体利益、长远利益和根本利益。在发展社会主义民主政治的实践中，处于领导地位的中国共产党并不是任何一个利益集团的代表，没有自己的一党之私，而是全中国各民族人民的代表。因此，中国共产党能够根据中国社会发展的客观条件和要求，正确地把握全中国人民的整体利益、长远利益、根本利益，制定出符合科学发展规律的路线、方针、政策，努力做到人民利益的最大化。

人民代表大会制度是中国的根本政治制度。中国的人大代表与西方议会的议员不同，他们不是某个利益集团的代表，在中国各级立法机关中他们既反映人民群众中各个不同群体的意见和呼声，同时又从全局出发将人民群众中各种意见集中综合起来，使国家的法律法规、政策措施能够统筹兼顾各方利益。共产党领导的多党合作和政治协商制度是中国的政党制度，政治协商是中国民主制度的一大特色，通过政治协商可以广泛反映人民的各种利益要求，可以妥善化解人民内部的各种矛盾，使人民群众的局部利益、个别利益与整体利益、根本利益相互协调。

中国特色社会主义民主有利于社会长期稳定、经济持续发展和人民生活水平不断提高。在中国特色社会主义民主制度下，国家政权具有高度的稳定性，国家政策具有明显的连续性。中国作为一个发展中国家，要在经济、文化上追赶发达国家，就必须制定科学周详的发展战略，并经过长期坚持不懈的努力，最终才有可能实现跨越式发展。中国的现行政治制度，使新中国自建立以来逐步形成的国家建设发展目标得到了坚持和贯彻执行；使得中国能够集中一切资源、力量和智慧，用于建设和发展；使得中国的经济社会发展战略具有前瞻性，经济社会发展的政策得以长期实施。因此，有利于保持国家长期稳定发展，是中国民主制度的明显优点。

坚定不移地走中国特色社会主义政治发展道路，必须认真研究世界各国民主发展的经验教训，以更加开放的胸襟学习和借鉴人类政治文明的一切有益成果，更好地体现时代精神，顺应世界民主发展潮流。当前中国还处在社会主义初级阶段，中国特色社会主义民主的实践只有短短几十年时间，在民主的具体实现形式、运作机制以及制度化、规范化和程序化建设等方面还不够成熟和完善。西方资本主义民主虽然有其固有的局限性，但经过几百年的发展，在具体实现形式和运作机制方面也有不少积极因素，如强调民主的制度化、规范化、程序化，强调对权力的制约、监督等。这些积极因素反映了人类社会民主发展的一些规律性内容，体现了不同民主制度的某些共同方面，既可以为资本主义所用，也可以为社会主义所用。因此，我们要大胆学习和借鉴其有益成果，取其精华、弃其糟粕，根本目的是为了更好地发展和完善中国特色社会主义民主。

体验与践行

假如我是人大代表

假如你是一名人大代表，你将如何履行自己的职责？提出议案前应进行哪些工作？

【准备工作】

1.分组进行资料的搜集工作。需要搜集的资料：

（1）人民代表大会制度的发展历史；

（2）人民代表的任期；

（3）人民代表应具备的素质；

（4）人民代表大会的职责；

（5）人民代表的权利和义务；

（6）人民代表提出议案的条件；

（7）今年所在地区人代会召开和闭幕的时间；

（8）今年人民代表集中反映的议题；

（9）我们最关注的重点问题；

（10）如何解决我们最关心的问题。

2.每组选出负责人，对本组的资料进行整理。

【活动内容】

1.讲述

请各组同学分别讲述自己组搜集到的资料，通过学生的讲解，有梯次地了解人民代表大会制度在我国的发展历史及主要作用。各小组成员可以就搜集到的资料相互补充，使知识更为完善，内容更为丰富。

2.活动过程

（1）交流与分享：要当好一名人大代表，应当怎样做？为什么不同行业的人大代表所关注的重点问题会有所不同？

（2）确定各小组的重点问题，明确编写模拟议案的角度。

（3）进行实地调查，广泛搜集相关材料。

（4）弄清问题产生的原因，明确解决问题的思路，并提出解决问题的方案。

（5）编写代表模拟议案。

（6）各小组通力协作，完成一份模拟代表议案。

（7）在全班范围内，对各小组的模拟议案进行评比。

（8）开辟专栏，展示优秀议案。

专题四

积极参与政治生活

学习目标

认知目标：掌握公民享有政治权利、履行政治义务的内容。

能力目标：提高依法行使政治权利、履行政治义务的能力，积极参与政治生活。

情感态度与价值观：树立国家安全意识，自觉关心维护国家安全。

第一节　依法行使政治权利

一、公民的政治权利

公民的政治权利是指根据宪法、法律的规定，公民参与国家政治生活的一切权利和自由的总称。

公民的政治权利是公民的经济要求在政治上的集中反映，是公民权利的重要组成部分，也是公民其他权利的基础。在现代社会，公民的政治权利是由宪法、法律确认的，并受到宪法、法律的保护；同时，公民的政治权利又受国家的经济、政治、文化、教育科学技术等因素的影响和制约。公民享有政治权利的广度及其实现程度如何，往往是衡量一个国家民主化程度的标志。在中华人民共和国，通过宪法、法律保障，公民不但依法享有选举权和被选举权，言论、出版、结社、集会、游行、示威的自由，监督权，而且还可以通过社会提供的诸如公职平等竞争、择优录取制度、社会协商制度等多种形式，直接参与管理国家事务、管理经济和文化事业，监督一切国家机关和国家机关工作人员。

（一）公民政治权利的内容及行使

基本政治权利与自由的内容主要包括以下几个方面：选举权与被选举权；公民言论、出版、结社、集会、游行、示威自由的权利；监督权。

1. 选举权与被选举权

选举权是指公民依法享有的选举国家权力机关代表的权利。被选举权是指公民依法享有的被选举为国家权力机关代表或行政官员的权利。

我国的国家权力机关是全国人民代表大会和地方各级人民代表大会，选举权和被选举权就是公民依法享有的选举人民代表和被选为各级人民代表或行政领导的权利。选举权和被选举权是公民极为庄严的政治权利，是人民当家做主的重要体现。

案例链接

高职学生小明已满18周岁，按照法律规定，享有选举权和被选举权。今天，小明高兴地拿着选民证到办事处投票站参加人大代表的选举。

选举权属于哪种公民权利？行使选举权需要满足什么条件？

我国公民的选举权具有普遍性和广泛性的特点。

我国《宪法》规定，"中华人民共和国年满18周岁的公民，不分民族、种族、性别、职业、家庭出身、宗教信仰、教育程度、财产状况、居住年限，都享有选举权和被选举权。"但是，"依照法律被剥夺政治权利的人除外"。

选民，即依法享有选举权的公民。选民对人民代表的候选人，可以投赞成票，也可以投反对票，可以另选其他选民，也可以弃权；选民有权对所选代表依法实行监督；选民还有权依照法定程序罢免那些不称职的代表。

我国人民代表的产生方式有两种：区、县级和乡镇的人民代表由选民直接选举产生，任期5年；全国、省、自治区、直辖市，设区的市，其人民代表由下一级人民代表大会选出，即间接选举产生，代表任期5年。

实行直接选举的程序：划分选区；选民登记；提出和确定候选人；投票与宣布选举结果。

选举权和被选举权，是人民行使国家权力、参与管理国家的一项最基本、最重要的政治权利，是人民当家做主的体现。所以要珍惜这一项政治权利，应该选举那些政治素质、文化素质高，有较强的参政议政能力的人作为人民代表。这样的代表，才能真正代表人民意志和利益行使国家权力，并代表人民参政议政。

2. 公民言论、出版、结社、集会、游行、示威的自由

我国公民享有的政治自由包括言论、出版、结社、集会、游行、示威自由。

言论自由，是公民对于国家和社会生活中的各种问题，通过语言或文字的形式表达其思想和见解的自由。从某种意义上讲，一个国家言论自由的程度，从一个侧面反映该国民主程度。当然，自由只能做法律所允许的事情，任何自由都必须在法律的范围内行使。我国公民的言论自由同样以不危害国家、社会安宁，不损害他人的人格和尊严为原则。

出版自由，就是公民或社会群体依照法律规定，通过书籍、报刊、广播、电视等出版物系统，表达思想、意见、愿望、要求的权利。出版自由与言论自由的区别在于，它是以出版物的形式来表达思想和见解的。言论出版自由不是绝对的，不受限制的。我国是人民民主专政的社会主义国家，言论出版自由必须在坚持四项基本原则的前提下正确行使。

结社自由，就是公民有依照法律规定，为一定的宗旨而组织或者参加某种社会团体的自由。这是言论自由的发展和补充。

集会自由，就是公民有依照法律规定，聚集在一定场所，研究大家共同关心的问题，并发表意见或举行某种活动的自由。集会和结社都是多数人聚集在一起讨论问题、表达意愿的活动，但两者是有区别的。集会是临时性的聚集，结社是长期性的结合，并且有固定的组织、章程和制度。

游行自由，就是公民有依照法律规定，持标语、旗帜等标志，在公共道路、露天公共场所列队行进，表示某种庆祝、纪念或抗议、声讨等强烈的共同意愿的自由。

示威自由，就是公民有依照法律规定，聚集在公共道路、露天公共场所，以集会、游行、静坐等方式，表达某种抗议、义愤的情绪，并表示自己的力量和决心的自由。

我国公民的言论、出版、结社、集会、游行、示威的自由权利都写入我国宪法，这说明公民行使这些权利有法律的保证。同时我国公民言论、出版、结社、集会、游行、示威的自由，都必须在国家法律、法规规定的范围内行使。自由是相对的，而不是绝对的，自由要受法律的制约，自由和法律是统一的，法律是自由的体现和保证。也就是说，自由只能做法律允许的事情，超越法律许可的范围，就是违法行为，就要受到法律的限制或制裁。

3. 监督权

监督权，是指公民有监督国家机关及其工作人员的公务活动的权利。监督权是公民参政权中的一项不可缺少的内容，也是国家权力监督体系中的一种最具活力的监督。实行民主监督，既有利于改进国家机关和国家工作人员的工作，也有助于激发广大公民关心国家大事、为社会主义现代化建设出谋划策的主人翁精神。

监督权包括公民直接行使的监督权和公民通过自己选举的国家代表机关代表行使的监督权，另外，公民的许多权利具有监督国家权力的性质。这里，作为参政权的一项内容的监督权，是一种直接的政治监督权，它包括五项内容，即批评权、建议权、申诉权、控告权和检举权。

批评权，是公民对于国家机关及其工作人员的缺点和错误、态度与作风有权提出要求克服改正的意见。

建议权，是指公民向国家机构或国家公职人员提出有关改进国家机关工作，促进政治、经济、文化和社会发展的意见、倡议和方案等的权利。

资料链接

建议权是伴随着资产阶级掌握国家政权，公民参与政治生活的权利扩大而产生的。1789 年法国《人权与公民权宣言》第 6 条规定，法律是公共意志的表现。全国公民都有权亲自或经代表参与法律的制定。第 10 条又规定，意见的发表只要不扰乱法律所规定的公共秩序，任何人都不得因其意见而遭受干涉。1919 年德国《魏玛宪法》第 126 条规定，德国人民有以书面形式向有关官署或议会请愿或控告的权利。此权利得由一人或由多人行使之。联合国大会于 1948 年 12 月 10 日通过的《世界人权宣言》第 19 条规定，"人人有主张及发表意见的自由"。1966 年《公民权利和政治权利国际公约》又重申了《世界人权宣言》关于公民有主张及发表意见的自由权利的内容。一些国家也在其宪法中对公民的建议权作了较为明确的规定，使建议权成为一项重要的公民参政权。

我国《宪法》规定，中华人民共和国公民对于任何国家机关和国家工作人员，有提出批评和建议的权利。建议权与批评权、控告权、申诉权、检举权等有着密切的联系，但又有区别。公民在提出建议、意见、倡议时，可以自己亲自向国家机构或国家公职人员陈述、写信告之，也可以通过代表行使该项权利。

申诉权，是指公民对国家机关做出的决定不服，可向有关国家机关提出请求，要求重新处理的权利，它有诉讼上的申诉和非诉讼的申诉之分。

（1）诉讼上的申诉是指当事人或者其他公民对人民法院已经发生法律效力的刑事、民事、行政诉讼裁判不服，认为确有错误，依法向人民法院或者人民检察院提出申请要求重新审查处理的行为。它一般在申诉主体、申诉对象、申诉期限、申诉理由和申诉效力等方面都有一定的限制。

（2）非诉讼的申诉是指公民对行政机关做出的决定不服，向其上级机关提出申请，要求重新处理的行为。它在申诉主体、申诉对象、申诉期限、申诉理由和申诉效力等方面一般没有特别的限制。

控告权，是指公民对违法失职的国家机关及其工作人员的侵权行为有提出指控与请求有关机关对违法失职者予以制裁的权利。

检举权，是指公民对国家机关工作人员违法失职行为向有关机关进行揭发和举报的权利。

对于公民的申诉、控告和检举，有关机关应当查清事实并处理，任何人不得压制和打击报复；同时，行使该权利的公民亦不得捏造或者歪曲事实进行诬告陷害。

在实际生活中，往往由人大及其常委会行使监督权，监督各级政府机构运行。这是公民通过自己选举的国家机关代表行使的监督权。

人大及其常委会在行使监督权时应遵循以下原则：

第一，依法监督原则。人大及其常委会的监督权是宪法和法律赋予的，离开了宪法和法律的监督就失去了法律依据。人大监督的对象、内容、范围和方式都要严格符合宪法和法律的规定，在法律规定的职权范围内，按照法定的程序，对法定的对象进行监督。是否需要行使监督权，如何行使监督权，都要以法律为准绳。只有坚持依法监督，监督才能有权威性和法律效力。

第二，职权分工或者说是不包办代替的原则。人大及其常委会的监督要做到既不失职，又不越权，就必须遵循宪法规定的国家机关职权分工的原则。宪法和有关法律在保证人大及其常委会统一行使国家权力的前提下，明确划分国家的行政权、审判权、检察权，并规定人大常委会组成人员不得兼任行政机关、审判机关和检察机关的职务。这样规定既可避免权力过分集中，又能使国家机关各项工作有序有效地进行。因此，人大及其常委会行使监督权，不允许侵犯和代替其他国家机关的职权，不能包办代替"一府两院"的工作。对监督检查中发现的问题，应责成"一府两院"予以处理解决，人大常委会不直接处理或办案。

第三，监督大事原则。人大及其常委会行使监督职权主要应是涉及人民群众当家做主的重大问题。人大监督的内容应该是国家和地方事务中那些带有根本性、长远性的重大事项。即工作监督要抓大事，法律监督要抓典型。如果事无巨细，样样都管，就容易干扰"一府两院"的正常工作。

第四，集体行使权力原则。人大及其常委会作为国家权力机关监督的显著特点，是集体行使监督权。即监督意向的确定，监督行为的实施，监督结论的形成，都要按照法定程序，经过集体讨论，通过会议表决来决定。人大代表、人大常委会委员个人调查、视察只能提出意见和建议，或为人大及其常委会行使监督权提供信息和建议。主任会议和常委会的工作机构也主要是为常委会的监督做必要的准备和组织协调、了解督办等工作，不能直接作出决定和进行处理，任何处理决定都由人大及其常委会集体作出。

第五，坚持党的领导原则。各级人大及其常委会对"一府两院"及其工作人员的法律监督和工作监督，必须在同级党委的领导下进行。重大问题，必须及时向党委请示报告，这也是一项重要的政治原则，必须坚决执行。

案例链接

　　高职学生王哲经过文化路时发现路两侧挤满了卖水果、蔬菜的摊位，甚至有些摊位挤到了路上，给人们出行带来严重的不便，影响交通。王哲找到街道办事处，反映了情况。后来，在街道办事处人员的积极努力下，政府修建了大棚，把马路市场迁到了大棚内，彻底改变了文化路交通拥堵、脏、乱、差的状况。

　　上述王哲面对的是什么情况？他能做什么？其反映问题的渠道是什么？

作为新时代大学生，更应该关注国家建设、国家管理，对于身边的事乃至国家大事，积极行使自己的政治权利。

我们可以通过人大代表或直接向全国人大常委会和地方人大常委会反映问题；也可以采用书信、电子邮件、电话、走访、微博、微信等形式，向有关部门举报或反映；还可以通过电视、广播、报纸、网络等媒体进行监督。借由这些渠道和方式，积极行使自己的政治权利，尽到公民责任。

同时，在行使政治权利时应注意：

首先，要在法律允许的范围内正确行使政治权利。

其次，应当实事求是，以事实为依据，如实反映问题，必要时出示证据和各种证明材料。

再次，投诉和举报时，不得捏造或歪曲事实进行诬告陷害，也不能采用贴大字报、聚众闹事等方法。

（二）公民政治权利的剥夺

"剥夺政治权利"是我国刑法规定的一种附加刑。是人民法院根据刑法的规定，剥夺犯罪人作为国家公民依法享有的参与国家管理和从事政治活动的权利。

所谓的"剥夺政治权利"，并不是剥夺一个人作为一个社会人的资格，只是将他参与社会管理和参政的权利剥夺。一个社会人的资格在民法上称为"民事权利能力"，公民的民事权利能力始于出生，终于死亡，是天赋人权，不可剥夺。

对于一些犯罪分子附加或单独适用剥夺政治权利，主要原因有三：

第一，对危害国家安全和严重破坏社会秩序的犯罪分子独立或附加适用剥夺政治权利，主要是因为此类犯罪都是故意犯罪，主观恶意强、社会危害极大。

第二，对被判处死刑、无期徒刑的犯罪分子判处附加剥夺政治权利，可以防止他们被特赦或假释后利用政治权利再从事犯罪活动。

第三，对一些严重的犯罪分子剥夺政治权利，可以防止他人代其行使某些政治权利，如以犯罪分子的名义发表宣言、著作等。

二、建设服务型政府

当今中国，公共服务型政府建设已经成为势不可挡的时代潮流。如何更好地推进公共服务型政府建设，成为社会各界关注的焦点。全面贯彻落实科学发展观，深化行政体制改革，加快建设公共服务型政府已经成为政界和理论界的共识。

服务型政府就是为人民服务的政府，用政治学的语言表述是为社会服务，用专业的行政学语言表述就是为公众服务。它把为社会、为公众服务作为政府存在、运行和发展的基本宗旨，是在社会本位和公民本位理念指导下，在整个社会民主秩序的框架下，通过法定程序，以公正执法为标志，按着公民意志组建起来的以为人民服务为宗旨并承担责任的政府。服务型政府是"三个代表"重要思想、科学发展观在政府管理领域的具体体现，通俗地说，就是以人民为本位，向人民问政、为人民服务、对人民负责、让人民满意的政府。

（一）服务型政府的基本特征

1. 竞争力

服务型政府是一个具有核心竞争力的政府。在中国，这个核心竞争力就是社会主义的基本价值，就是社会平等、政治民主和以人为本。这一核心竞争力是与人类文明发展的大趋势相一致的，是构筑国家"软实力"的基本要素。一个服务型政府，首要的特征就是弘扬社会主义的基本价值，实现社会平等、政治民主和以人为本的"制度化形态"，并在社会实践和改革过程中具有切实的可操作性。离开社会主义的基本价值、宪法原则和中国共产党的执政理念谈服务型政府，这个服务型政府就可能是无本之木、无源之水。

2. 负责

服务型政府是一个民主和负责的政府。也就是说，是一个人民民主和对人民负责的、让人民满意的政府。民主是指政府的性质，负责是指政府的目的。人民民主是《宪法》赋予人民的基本权利，特别是"民主选举、民主决策、民主管理、民主监督"的权利，它界定了政府的有限性。宪法规定的这"四个民主"权利，反映了社会主义民主政治的本质，在现实的制度安排中一个都不能少。公民能够通过正常程序和渠道参与国家治理，表达自己的愿望，是服务型政府的本质特征，唯其如此，才能体现社会主义制度的优越性，也才能真正建立一个服务型政府。

2012年8月，国务院决定取消和调整314项部门行政审批项目

国务院自2001年以来分六批共取消和调整的行政审批项目占原有总数69.3%

2497项

3. 法治

服务型政府是一个法治和有效的政府。依法行政是现代政府的基本特征，是建立合理的政府与社会、政府与市场、政府与公民关系的前提。我国政府就其本质来说，是依据宪法原则建立并按照宪法原则运作。宪法是我国的根本大法，只有尊重宪法并按照宪法原则办事，才能在全社会树立政府的权威，确立政府的社会公信力。一个依法行政的政府必然是一个有效政府，其公共政策才能得到认真的落实。建立服务型政府，核心是政府必须尊重宪法精神，按宪法原则办事，只有这样，人民才会相信政府，政府服务才能为群众所接受。依法行政是提高党和政府执政能力的关键环节。

4. 公共服务

服务型政府是一个为全社会提供公共产品和服务的政府。服务，核心是在公共财政和预算以及财政转移支付的导向上，政府要真正关注普通老百姓的利益、需要和愿望，把钱真正用到惠及千百万老百姓的日常生活，使人民安居乐业、心情舒畅、生活幸福的事业上来。要真正关心社会的弱势群体。政府必须下决心把钱投到关乎千家万户生活命脉的义务教育、公共医疗、社会福利和社会保障、劳动力失业和培训、环境保护、公共基础设施、社会安全和秩序等方面来。这些都是一个服务型政府的最基本组成部分和核心内容，是关乎国家稳定、发展和繁荣的国家战略产业。搞得好与不好，直接决定着中国共产党和政府执政的物质基础，决定着人心向背，决定着政府在人民群众中的威信。要提高党和政府的执政能力，建立服务型政府，就是要把这些方面作为公共财政支出和财政转移支付基本方向，切实通过预算硬约束保证公共财政的正确使用。

5. 合理分权

服务型政府是一个实现了合理分权的政府。合理分权是完善政府治理、优化政府结构的重要内容，是建立服务型政府的重要手段。分权的基本内容主要包括：政府内部各部门之间的分权；上下级之间的权力下放；政府与社会中介组织之间的权限划分；中央

与地方政府之间的权限划分等。合理分权是现代政府的一个重要特征，是提高政府工作效率的重要手段。合理分权是建立服务型政府所遇到的一个最复杂的结构性难题，解决得不好，就可能制约中国经济社会的发展，造成社会失序和国家混乱。但分权的好处也是显而易见的，合理的分权至少可以带来以下几点好处：第一，可以带来经济上的效率；第二，可以合理地控制政府的管理幅度，不至于因为管理幅度过大而造成管理失误；第三，可以减轻中央的财政负担；第四，可以调动地方的积极性；第五，可以有效地平衡中央与地方的利益；第六，有利于建立问责制政府，转移政府责任，明确政府核心工作，便于政府的绩效评估。实现合理分权，是提高中国共产党执政能力、建立服务型政府的基本前提。

（二）公共服务的类型

1. 经济性公共服务

即政府为促进经济发展而提供的公共服务。主要有：提供煤、水、电、气等公用事业产品，道路、交通等公共基础设施，对国有企业的投资，重大技改项目的补贴，基础研究与开发等。

2. 社会性公共服务

即政府为促进社会公正与和谐而为全社会提供的平等的公共服务。主要有：教育、公共医疗卫生、社会保障、就业、文化体育等公共服务。

知识链接

服务型政府的五项国际指标

1. 人类发展指数（HDI）达到 0.75 以上。

2. 公共教育支出占国内生产总值（GDP）的 5% 以上。

3. 公共医疗卫生支出占 GDP 的 3% 以上。

4. 社会保障支出占 GDP 的 7% 以上。

5. 基础研究与开发占 GDP 的 2% 以上。

知识链接

政府模式划分

1. 专制型模式（与农业社会相适应）：君主本位；人治、经验管理。

2. 管理型模式（与工业社会相适应）：政府本位；法治、科学管理。

3. 服务型模式（与信息社会相适应）：公民、社会本位；结果管理、合作治理。

（三）我国构建服务型政府所取得的成就

我国在加入世界贸易组织以及应对 SARS 危机过后，政府越来越重视建立公开透明的行政体制，推行政务公开。为此，各个地方政府纷纷制定了自己的政府信息公开管理办法，以此来大力推进政务公开，保障人民的知情权。比如说，成都市制定《成都市政府信息公开办法》，哈尔滨市出台了《哈尔滨市政务公开办法和哈尔滨市政务公开监督员制度》等。在推行政务公开的同时，我国也在大力发展高效政府。简单地说就是要降低行政成本，提高行政效率。针对这一举措，最好的体现就是电子政府。

知识链接

电子政府是指在政府内部采用电子化和自动化技术的基础上，利用现代信息技术和网络技术，建立起网络化的政府信息系统，并利用这个系统为政府机构、社会组织和公民提供方便、高效的政府服务和政务信息。通过发展电子政府，可以促进政府机构精简和办事程序简化，为公众提供更好更多的优质服务。

近几年，许多地方政府将建设服务型政府提上日程，纷纷建立有自己特色的服务型政府。例如：成都市从 2000 年开始，就首先启动了行政审批制度、投资融资体制和政府机构三项改革。在 2001 年，成都市又开展"规范服务型政府"的试点工作。2003 年，成都市出台了《关于全面推进规范化服务型政府建设的意见》。成都市的规范服务型政府的创新之处主要有以下几点：简化行政审批程序，加强政府职能，提高城市竞争力。相比成都市的规范服务型政府，南京市则在创建公民参与模式服务型政府。自 2001 年以来，南京市提出要创新政府管理方式，在具体的服务型政府建设中，尽可能加大公民参与的力度，充分发挥每一个公民的作用。

（四）我国服务型政府建设的道路选择

1. 公共服务法治化，实现公共服务的良性发展

一是合理划分中央与地方政府在公共服务领域的职责权限。

二是制定公共服务的最低标准，依据这个标准合理公平地分配公共资源。

三是提高公共服务的透明化和公开化程度，加大对公共服务的监督力度，严厉禁止和杜绝公共服务中的乱收费、乱涨价现象，保证公共服务的质量。

2. 重新审视和定位政府治理的角色

服务型政府强调政府角色的转换，主张将政府角色定位为"掌舵"而非"划桨"。这意味着政府不应过多地具体承担提供公共服务的责任，而是尽可能地以委托、承包、代理等市场化的制度安排，将公共服务呈递责任移转给私营部门及非营利部门，并对公共利益作出积极回应，这也是服务型政府追求的根本目标。

3. 建立政府公共服务和公共物品供给的民众导向制度

政府服务应体现"以人为本，以客为尊"的原则，以民众诉求为导向，以民众的期望决定策略设计的蓝图，以民众的需求决定服务的内涵和方式。应重新认识社会与政府的关系，从制度上实现政府的决策与行为由"以政府为中心"向"以公众为中心"的转移，使服务行政具有透明性、公正性、回应性和责任性，疏通政府与公众对话的渠道，保障公众知情权。

4. 培育公民社会自治能力，建立政务公开制度

服务型政府的建设，强调社会力量的参与，强调政府公共管理职能向社会组织的转移。首先，政府必须积极培育各种民间社团，培育各种带有自治性、自主性的社会组织，承担起多样的治理责任。其次，政府与社会应在平等的基础上进行沟通、互动和合作，形成治理网络，建立畅通的社会沟通与协商机制，推动政府文件的透明化传输，保障行政决策的科学化、民主化。

5. 建立政府绩效评价制度

首先，政府绩效评价必须明确评价的主体。服务品质的好坏，必须取决于民众的满意度，评估主体必须是多层次、多渠道的。其次，政府绩效评价必须确立一定的评价标准。这些评价标准要具有有效性、效率性、公平性、合法性和政治可行性，要疏通民众参与评估的渠道，让民众评议，让人民监督。

6. 加强责任制度的建设

责任政府是现代民主政治的一种基本理念。人民不仅有享受政府服务的权利，还有监督政府行政、要求其承担责任的权利。因此有必要建立和完善公务员引咎辞职制度，强化行政问责制度的控制手段建设，完善公民个人申诉渠道。逐步实现把政府和部门的行为置于社会和民众的有效监督之下，提高政府工作的透明度，从而形成行为规范、运转协调、公正透明、廉洁高效的公共服务管理体制。

服务型政府要求政府不仅要代表最广大人民群众的最根本的利益，为经济、社会等事务服务，认真履行"人民"政府的宗旨，还必须适应经济全球化和世贸规则的需要，坚持公开、公正、合法、透明等原则，用市场经济的观点和方法解决机构设置重叠、职能交叉、政出多门、重复管理等问题，努力把政府工作重心转移到加强市场调节、社会监管、依法行政、公共服务等职能上来。服务型政府应该是"阳光政府、创新政府、责任政府、法治政府"等模式交叉、综合渗透的结果。

议一议

服务型政府、法治型政府、责任型政府、效能型政府之间有何关系？

体验与践行

请根据例示写一则建议书。

1.建议的理由——提出存在的问题，分析问题的表现、危害。（注意：所反映的问题应准确，实事求是。）

2.建议——解决问题的一些措施和设想。（注意：建议应合理，有分寸，可操作性强；语言要精练；内容应分条写。）

3.希望——表达出自己的愿望。

建议书

××县环保局：

我校附近的化工厂，每天任意排放刺鼻的污水，严重污染了周围的环境，给附近居民的身体健康带来了严重的影响，损害了我市的城市形象。

为此特向你们提出以下建议：

1.应加大检查和执法力度。

2.应加强对市民的环保教育，鼓励群众积极参与环境监督，及时向有关部门检举、报告有关环境的问题。

3.对已经造成的污染采取补救措施。

4.对有关企业领导定期进行环保法律法规教育，强化他们的环境意识和环保法制观念。

希望你们能研究并采纳上述建议。

××职业学院学生×××

××××年××月××日

第二节　履行义务，承担责任

义务是指一个人对家庭、社会、国家及他人应履行的职责。广义的义务包括法律义务、道德义务和社会义务等。狭义的义务仅指法律义务，即法律规定的义务人作出一定行为或者不作出一定行为，以满足权利人要求的义务。

名人名言

> 责任就是由于尊重规律而产生的行为必要性。
> ——[德]康德

请将下列行为与相应的义务连接起来。

赡养父母　　　　　　　　　　道德义务

勤俭节约　　　　　　　　　　法律义务

企业捐赠　　　　　　　　　　社会义务

知识链接

权利和义务的分类

1. 从权利和义务存在形态的角度，权利和义务可划分为应有权利和义务、习惯权利和义务、法定权利和义务、现实权利和义务。

2. 根据权利和义务所体现的社会内容的地位、功能及社会价值角度，权利和义务可划分为基本权利和义务、普通权利和义务。

3. 根据权利和义务对人们的效力范围角度，权利和义务可划分为一般权利和义务、特殊权利和义务。

4. 根据权利之间、义务之间的因果关系角度，权利和义务可划分为第一性权利和义务、第二性权利和义务。

5. 根据权利主体依法实现其意志和利益的方式角度，权利和义务可划分为行动权利和消极义务、接受权利和积极义务。

基本义务是人们在国家政治生活、经济生活、文化生活和社会生活中的根本义务。在我国，公民的基本义务也称宪法义务，是指宪法规定的公民必须遵守和应尽的根本责任。公民的基本义务是公民对国家具有首要意义的义务，如果公民不履行，国家就不能有效进行管理。公民的基本义务构成普通法律所规定的义务的基础和原则。

一、关注社会生活，自觉履行义务

案例链接

2013年3月23日下午，某市两名高职学生看到一名骑电动车的老人摔倒在地，立即上前将其扶起并护送回家。不过，老人称是两名学生导致其摔倒受伤的，要求两人承担责任并赔偿，两名学生报警。经过近半个月的调查，4月13日，受助老人承认自己一时糊涂，并登门致歉。

2014 年 1 月 25 日早上，某市一位七旬老人摔倒在早市路口。过往行人拨打了 120 后，围成一圈，将老人护在中央，等待救援。之后，在协警的帮助下，大家一起将躺在地上的老人搀起来扶到救护车上送往医院。

如果碰到老人摔倒，你会怎么做？为什么？

人是社会的人，公民是国家的公民。只要在社会中生活，一个人的行为必然和他人发生直接或间接的关系。为了提高公共生活的质量，每一个社会成员都应该对自己的公共生活行为负责。

（一）爱护公共财产

公共财产主要是指一切国家财产和集体财产。对公共财产的珍惜和爱护，是每个公民都应该承担的社会责任和义务，它既体现个人的道德修养水平，也标志着社会文明程度。社会公用设施得到妥善保护，有利于每个人的工作和生活。当公共财产遭受破坏，或面临其他危害时，作为学生的我们应该机智勇敢地去保护和捍卫公共财产的安全。

想一想

我们身边的公共财物有哪些？

做一做

请做几个爱护公共财物的宣传标语。

（二）遵守劳动纪律

做一做

作为学生，不遵守学校纪律会怎样？工作后不遵守工作纪律会怎样？

劳动是人类社会生活中最普遍、最基本的活动。劳动纪律又称职业纪律，就是为了调节和约束劳动者的职业活动而形成和制定的规范。劳动纪律的内容主要包括时间纪律、岗位纪律、劳动纪律、安全和卫生纪律等。劳动纪律是保证劳动者的安全，保证生产、工作的正常运行，保证产品的质量和数量，以及保证劳动过程秩序的重要手段。

（三）遵守公共秩序

答一答

步行过马路，你会闯红灯吗？

公共场所，你会大声喧哗吗？

网络上，你会散播不经证实的言论吗？

公共秩序也称社会秩序，是由一定规则维系的人们公共生活的一种有序化状态。公共秩序包括公共场所的活动秩序、社会管理秩序、工作秩序、教学秩序、营业秩序、交通秩序、娱乐秩序、网络秩序、居民生活秩序等。

随着我国政治经济的发展，人们的社会生活领域逐步扩大。公共生活领域越扩大，个人对他人和社会造成的影响也就越大，社会对公民遵守公共秩序的要求也就越高。因此我们每个人都应该遵守公共秩序，维护社会的有序发展。

知识链接

全国青少年网络文明公约

要善于网上学习，不浏览不良信息；

要诚实友好交流，不侮辱欺诈他人；

要增强自护意识，不随意约会网友；

要维护网络安全，不破坏网络秩序；

要有益身心健康，不沉溺虚拟时空。

（四）尊重社会公德

社会公德是全体公民在社会交往和公共生活中应该遵循的行为准则。

名人名言

人人相善其则者，谓之公德。

——梁启超

我国素有礼仪之邦的美誉，鼓励尊重人，理解人，礼让宽容；推崇"为善最乐""博施济众""君子成人之美"；倡导爱护自然，保护环境，坚持可持续发展。作为当代大学生，应具有较强的社会公德意识，亲身体验践行社会公德规范，积极参与无偿献血、环境保护等公益活动，在实践中培养责任意识。"勿以善小而不为，勿以恶小而为之"，从点滴小事做起，在举手投足之间升华社会公德境界。

查一查

你有没有以下不文明行为

1.公共交通方面的缺乏公德行为

（1）乘车：上公共汽车不排队，一拥而上；年轻人不主动给老弱病残孕让座；给无人售票车投假币、残币；使用过期月票、用过的车票；地铁车厢、公交车内高声喧哗；在出租车里乱踩乱蹬，弄脏座位。

（2）开车：反道超车，突然并道，占线行驶；下雨天溅湿行人；停车占位、占道，在便道上乱停；行驶中向窗外扔东西；公交车进站不按顺序，多辆公交车抢道。

（3）行人：翻栏杆，随意穿行马路；不走人行道；骑自行车占用盲道；在盲道上摆摊；街上乱吐口香糖。

2.文化、娱乐、商业场所里的缺乏公德行为

剧场、电影院演出结束，球场比赛结束后，像"垃圾处理中心"；

看电影、演出时，大声说话、喧哗、到处走动；

看演出时手机不关机或者不开到震动；

在水上乐园、游泳池里小便；

超市里偷吃偷尝。

3.校园里的缺乏公德行

饭堂买餐加塞儿，不排队；

在图书馆的书上涂写，撕里页；

图书馆、教室、会场手机频响；

自习室占了座位人不去；

自习室里看书出声，小声嘀咕；

电脑、宿舍里的灯不用时也不关掉。

4.街头的缺乏公德行为

商店、书报摊大声叫卖，播放音响，制造噪音；

大街上强行派发产品，塞卡片，派传单；

排档、小吃摊烟熏火燎，气味呛人；

自动售货机、公用电话被毁、被盗；

站牌、电话亭上贴满小广告；

在大树上钉挂衣钩，拴晾衣绳。

5.旅游中的缺乏公德行为

乘飞机带大行李箱又不愿托运，阻塞通道；

旅游景点、名胜古迹上乱写乱刻；

消费了付费服务后遗留账单，不声不响走人；

吃自助餐时随意浪费；

在酒店大堂、餐厅等地大声喧哗；

随手用宾馆房间里的毛巾、床单擦鞋；

在宾馆房间洗澡不拉浴帘，溅得满地是水；

在封闭餐厅里吞云吐雾、划拳行令；

在公园景区观树赏花时又摘又折；

在动物园里折磨动物，节假日成动物们的受灾日。

6. 居民小区里的缺乏公德行为

社区的健身器材被用来晾衣服、晒被子；

装修噪音扰邻；

机动车在社区里乱鸣笛；

宠物随地大小便，主人不清理；

汽车、自行车随意停放；

清晨呐喊、鼓掌影响他人睡眠；

向窗外扔污物。

7. 电子、安全、网络方面的缺乏公德行为

网络语言不文明，聊天室谩骂；

传播垃圾邮件、手机短信；

对突然受伤、犯病的人视而不见、袖手旁观；

在银行、机场等地方无视"一米线"；

放风筝不顾地点和他人安全，不想玩了就"一剪了之"。

二、参与政治生活，自觉承担责任

古语有云："民为邦本，本固邦宁。"国家确认和保障公民的权利和自由，通过政治和经济改革发展各项经济和文化事业，为公民权利和自由的实现提供越来越多的物质保障。公民也应自觉履行对国家和社会的义务，推动国家政治和经济的发展，从而使权利的享有和保障获得更大的社会和物质基础。

案例链接

某高职学生在家上网时，发现某网站上载有破坏民族团结、损害国家安全的内容，他随即向当地派出所报案。公安机关及时查清了事实，并依法处罚了当事人。

这一事例说明什么？

"天下兴亡，匹夫有责"。伴随着改革开放以来中国特色社会主义现代化建设事业的步伐，人们越来越多地参与到政治生活当中，享受政治权利，履行政治义务。当国家尊严受到侵犯时，挺身而出；当国家遇到危难时，勇担重任。

（一）维护国家统一和各民族的团结

我国《宪法》第 52 条规定："中华人民共和国公民具有维护国家统一和全国各民族团结的义务。"

1. 维护国家统一

维护国家统一是我国公民的最高法律义务。维护国家统一是指维护国家主权不受侵犯，维护国家领土完整，维护国家政权的统一。任何人都不得以任何方式分裂国家、接受外国势力支配、割让领土、服从外国势力或要求外国干涉中国内政，坚持台湾是中国领土不可分割的一部分的原则，反对外来侵略或危害国家政权统一管辖权的行为。

2. 维护各民族团结

维护各民族团结是我国公民崇高的责任。每个公民都有责任维护各民族间的平等、团结和互助关系，尊重民族习惯和执行民族政策，同一切破坏民族团结和制造民族分裂的言行作斗争，任何人都不得以任何形式制造民族矛盾和民族冲突。

说一说

我国少数民族有着各自的传统节日，你能说出以下节日是哪个民族的吗？

古尔邦节　　雪顿节　　泼水节　　花山节　　火把节

实现各民族共同繁荣是我国民族政策的根本立场。实现各民族共同进步与繁荣，是促进我国社会主义现代化事业全面发展的必然要求。因此，国家根据民族地区的实际情况，制定和采取了一系列特殊的政策和措施，帮助、扶持民族地区发展，如给予优惠政策，加大投资力度，实施对口支援与合作，培养少数民族干部，组建民族文化艺术团体等，促进了民族地区经济和文化的发展与民族关系的良性发展。

青藏铁路建成通车

知识链接

《中华人民共和国民族区域自治法》第10条规定："民族自治地方的自治机关保障本地方各民族都有使用和发展自己的语言文字的自由。"第21条规定："民族自治地方的自治机关在执行职务的时候，同时使用几种通用的语言文字执行职务的，可以实行区域自治的民族的语言文字为主。"第37条规定："招收少数民族学生为主的学校（班级）和其他教育机构，有条件的应当采用少数民族文字的课本，并用少数民族语言讲课。""各级人民政府要在财政方面扶持少数民族文字的教材和出版物的编译和出版工作。"第47条规定："保障各民族公民都有使用本民族语言文字进行诉讼的权利。"

维护民族团结，要执行国家的宗教政策，要尊重和保障少数民族的宗教信仰自由，保护少数民族公民一切正常的宗教活动。

（二）维护祖国安全、荣誉和利益

我国《宪法》第54条规定："中华人民共和国公民有维护祖国的安全、荣誉和利益的义务，不得有危害祖国的安全、荣誉和利益的行为。"

1. 维护国家安全

国家安全是国家的基本利益，是一个国家处于没有危险的客观状态，也就是国家没有外部的威胁和侵害，也没有内部的混乱和疾患。当代国家安全包括十个方面的基本内容：国民安全、领土安全、主权安全、政治安全、军事安全、经济安全、文化安全、科技安全、生态安全、信息安全。其中最基本也最核心的是国民安全。

国家安全，包括国家的主权、领土完整不受侵犯，国家的机密不被窃取、泄露和外卖，社会秩序不被破坏等。国家的安全关系到整个国家和民族的生死存亡。没有国家的安全，公民个人的安全就无法得到保障。维护国家安全、保守国家秘密是我们每个公民的政治义务。作为大学生，怎样做才能以实际行动来维护国家安全？

首先，保守国家秘密；

其次，发现危害国家安全的行为及时向国家安全机关或公安机关报告；

再次，积极配合国家安全机关工作，为国家安全机关执行公务提供便利和协助；

最后，树立国家安全意识，自觉关心、维护国家安全。

案例链接

某在校大学生马某赴日本留学，在日本留学期间，被日本一敌特组织策反。马某归国后，经常利用节假日、休息日，以旅游为名，对一些军事禁区进行拍照、收集资料等活动，并以密件的方式提供给日本敌特组织。后被国家安全机关逮捕，马某对自己的犯罪行为供认不讳。

当代大学生站在推进社会发展的前沿，肩负着国家复兴的大任，深切关注国家安全与发展，树立国家安全和利益高于一切的观念和意识，维护国家安全，做好国家安全的忠诚卫士，是自身健康成长成才必备的政治素质和应有的高尚品格。

知识链接

国家秘密的等级

国家秘密的等级，是指根据国家的各项秘密如果被不应知悉者所知，对国家安全和利益可能造成损害的不同程度，而对国家秘密作出的级别划分。具体分为绝密、机密、秘密三级。

"绝密"是最重要的国家秘密，一旦泄露，会使国家安全和利益遭受特别严重的损害。

"机密"是重要的国家秘密，一旦泄露，会使国家安全和利益遭受严重的损害。

"秘密"是一般的国家秘密，一旦泄露，会使国家安全和利益遭受损害。

2. 维护国家荣誉

维护国家的荣誉，就是维护国家和民族的尊严。作为我国公民，都有义务维护国家尊严不受侵犯，国家信誉不受破坏，国家荣誉不受玷污，国家名誉不受侮辱。

我们在坚持对外开放政策的同时，必须继续在全国人民中进行维护国家荣誉和民族尊严的教育，进行深入的爱国主义和国际主义教育，提高民族自尊心和自信心，既要反对闭关自守、盲目排外，又要反对奴颜婢膝、卑躬屈节的行为。

3. 维护国家利益

国家的利益包括的范围很广，这里主要指的是国家的整体利益。任何公民都不能以牺牲国家利益来换取个人好处，否则就要受到法律的制裁。

（三）依法服兵役和参加民兵组织

案例链接

某高职学生王明经过体检和政审，正式被批准入伍，在王明离开学校赶赴部队的那天，居委会和学校的同学们都来欢送。自从王明离家之后，他家里的活邻居主动帮助来做。他所在的学校也经常组织学生到他家义务劳动，并形成制度。周围人的帮助使王明的父母心情舒畅，精神愉快。

王明参军是在履行公民的一项什么义务？邻居和学校的学生们照顾王明的父母是在履行一项什么义务？

我国《宪法》第55条规定："保卫祖国、抵抗侵略是中华人民共和国每一个公民的神圣职责，依照法律服兵役和参加民兵组织是中华人民共和国每一个公民的光荣义务。"由中国人民解放军、中国人民武装警察部队和民兵构成的武装力量是巩固国防、抵抗侵略、保卫国家的主要力量。公民依照法律服兵役和参加民兵组织，是武装力量存在和发展的人员保证。《中华人民共和国兵役法》规定我国实行义务兵役制为主体的义务兵与志愿兵相结合、民兵与预备役相结合的兵役制度。

我国公民履行服兵役义务的形式主要有四种：参加中国人民解放军和人民武装警察部队服现役；编入民兵组织、预备役部队或者经过预备役登记服预备役；高等院校和高级中学的学生按国家规定接受军事训练；广大公民对义务兵家属承担一定的优抚费和对参加军事训练的民兵及其他预备役人员承担一部分误工补贴。

体验与践行

调查报告

请在本校开展一次学生民族状况的调查，调查的内容有：

（1）本校共有多少学生；

（2）有多少少数民族；

（3）这些少数民族共有多少学生；

（4）每个民族有多少学生；

（5）这些学生所占全校人数的比例是多少；

（6）每个民族各有什么不同的民族习惯；

（7）对这些不同的习惯应该注意什么；

（8）如何尊重不同的民族习惯等。

请在调查的基础上写出调查报告。

第三节　关注国际社会，维护国家利益

除了明晰公民的政治权利与自由外，我们还要对我们身处的"地球村"有更加准确的认识。进入新的世纪，国际形势正在发生更加复杂而深刻的变化。但是，和平与发展仍然是当今时代的主题。在国际舞台上，中国发挥着越来越重要的作用。中国坚持奉行独立自主的和平外交政策，继续高举和平、发展、合作、共赢的旗帜，坚定不移致力于维护世界和平、促进共同发展。

资料链接

2014上合组织杜尚别峰会

2014年9月12日，上海合作组织成员国元首理事会第十四次会议在塔吉克斯坦首都杜尚别举行。中国、哈萨克斯坦、吉尔吉斯斯坦、俄罗斯、塔吉克斯坦、乌兹别克斯坦等六国元首出席会议。

成员国元首先举行小范围会谈，随后邀请观察员国阿富汗总统卡尔扎伊、伊朗总统鲁哈尼、蒙古国总统额勒贝格道尔吉以及印度、巴基斯坦代表，主席国客人土库曼斯坦总统别尔德穆哈梅多夫以及有关国际和地区组织代表参加大范围会谈。与会各方围绕进一步完善上海合作组织工作、发展上海合作组织域内长期睦邻友好关系、维护地区安全、加强务实合作以及当前重大国际和地区问题交换意见，达成广泛共识。此外，峰会上还签署了《上合组织成员国元首杜尚别宣言》。

元首们一致认为，当今世界复杂多变，给本地区带来不确定和不稳定性因素增多，上海合作组织成员国都致力于发展，但都面临恐怖主义、毒品走私、跨国犯罪等共同威胁和挑战，更需要推动本组织发展，深化安全协作，深化和扩大安全、经济、人文合作，携手应对新威胁、新挑战，构建睦邻友好、共同安全、共同发展的和谐地区。

一、和平与发展仍是时代主题

当今世界仍不安宁，危害世界和平与发展的因素依然存在，维护世界和平与发展仍是当今时代的主题。

世界多极化、经济全球化深入发展，全球合作向多层次全方位拓展，新兴市场国家和发展中国家整体实力增强，国际力量对比朝着有利于维护世界和平方向发展，保持国际形势总体稳定具备更多有利条件。

国际金融危机影响深远，世界经济增长不确定因素增多，全球发展不平衡加剧，霸权主义、强权政治和新干涉主义有所上升，局部动荡频繁发生，粮食安全、疾病蔓延、气候变暖、生态恶化、毒品贩卖、贫富差距、国际反恐等全球性问题更加突出。

国际和平日

（一）和平问题

和平问题是指维护世界和平，防止新的世界战争的问题。和平是人类社会存在和发展的基本条件，是各国经济发展和其他全球性问题解决的必要前提。

资料链接

战争带来的危害

自古到今，和平问题一直是人类所密切关注的焦点，人类渴望和平。但是人类5000年的文明史，只有329年处于和平时期，而战争就像恶魔一样，不断地吞噬着人类的财富和生命。据不完全统计，因战火造成的损失折合成的黄金，可铺成一条宽150千米、足可绕地球8周的黄金带。两次世界大战也给全世界人民带来沉重灾难。

第一次世界大战共有33个国家被卷入战争，战争伤亡人数3000余万，其中死亡1000余万；战争带来的直接、间接经济损失达2700多亿美元。

第二次世界大战期间，战火蔓延到全球67个国家和地区，共造成参战人员及平民伤亡5100余万；战争共造成的物质损失达4万多亿美元，整个世界损失惨重。

由此可见，世界和平对于人类而言是多么的重要。

在第二次世界大战后，世界范围内虽然仍有局部的战乱，但总体上维持了和平局势，没有爆发世界性战争。这是因为：

第一，饱受战乱之苦的世界各国人民渴望和平，反对战争。

第二，由于不少大国都拥有核武器，一旦发生战争，使用核武器就有可能对地球造成毁灭性的打击。所以，核大国为自身安全也不敢贸然发动战争。

第三，经济全球化的发展，使得国家间相互依存的程度不断加深，各种力量相互制约，有利于维护世界和平与稳定。

但是，当今各国军备竞赛依然存在，局部战争和武装冲突不断，国际恐怖主义、极端民族主义发展，这些都已构成对世界和平与安全的严重威胁。因此，维护世界和平任重而道远。

（二）发展问题

发展问题指世界经济的发展，特别是发展中国家经济的发展。发展经济是维护和平的重要保障，谋求经济发展与社会繁荣是人类永恒的课题。

第二次世界大战后半个多世纪以来，在相对和平的国际环境中，世界经济发展的规模和速度超越了以往。经济全球化进程加快，各国经济相互依赖、相互

饥饿的非洲难民

渗透不断加深，知识经济方兴未艾，可持续发展日益受到关注。这些经济发展的特征使得追求发展成为时代的主流。发展是当今时代的主题，经济全球化成为当今世界发展问题的总体趋势。

知识链接

南北发展不平衡

发展问题是当今世界的重要问题，以区域经济发展的极不平衡为主要标志。根据经济发展水平的高低，通常把世界上的国家分为发达国家和发展中国家。发达国家主要分布在欧洲、北美洲和大洋洲。发展中国家主要分布在非洲、亚洲和南美洲。发达国家大多分布在北半球，发展中国家则主要分布在南半球和北半球南部，国际上通常以"南"代指"发展中国家"，"北"代指"发达国家"。发达国家与发展中国家之间发展差距的问题，称为"南北问题"或"南北差距"。

当今世界发展形势依然严峻，全球发展的最突出问题是南北发展不平衡问题，发展中国家面临着发展经济的艰巨任务。发展中国家和发达国家的差距进一步拉大，也加剧了国际间的贫富分化。教育科技水平低，人口增长过快，失业人口众多，

粮食危机加剧，是对发展中国家经济发展长期不利的因素。同时，不公正、不合理的国际经济旧秩序还在损害发展中国家的利益。发展中国家的发展是一个全球问题，需要全世界各国共同努力解决。

（三）和平与发展互为条件，共同促进人类的进步与繁荣

发展需要和平，和平离不开发展；在和平中求发展，以发展促和平，这是两者之间一般的辩证关系。和平与发展相互影响，相互促进，共同促进人类进步与繁荣。

第一，维护和平是促进发展的基本前提。经济的发展离不开和平的环境，只有维护世界和平，才能为经济发展创造良好的国际环境。如果没有和平、安定的国际

要和平，不要战争；只有和平，才能发展

环境，世界战火四起，人民的生命财产就会遭到涂炭，任何一个国家都无法进行建设。特别是二战之后，科技进步日新月异，经济全球化趋势加快，世界经济只有在世界各国互利合作下才能健康发展。只有维护世界和平，才能保证世界各国集中力量进行发展。因此，世界各国需要努力把精力放在经济建设上，避免出现冲突和战争。

第二，发展是和平的有力保障，发展也是最大的安全保障。没有和平就没有发展，而没有发展也不可能有真正的和平。发展是战后乃至更长时间内避免新的世界大战、维护世界和平的有利因素。霸权主义、强权政治说到底是建立在世界经济发展不平衡的基础上的。发展中国家首先要使自己强大起来，才能增强在国际社会上的影响力。发展是人类社会摆脱困境的主要出路，有助于阻止和消除一个国家、地区，乃至世界的不稳定因素，减少军事冲突的诱发因素。只有通过国际社会共同努力，谋求人类共同发展，人类社会才会有出路。

（四）维护和平、促进发展的有效途径

反对霸权主义与强权政治，建立公正合理的国际政治经济新秩序是解决世界和平与发展问题的有效途径。

霸权主义是指大国不尊重弱小国家的主权和独立，蛮横地对别国进行干涉、控制、统治，推行侵略扩张政策，谋求一个地区或世界霸主地位的行径。强权政治是指超级大国以强凌弱，肆意干涉别国内政，任意宰割别国人民，侵害他国利益的政策和活动。霸权主义和强权政治是国际旧秩序的根本特征和核心内容，是解决世界和平与发展问题的主要障碍。

资料链接

旧的国际政治经济秩序

霸权主义和强权政治是旧的国际政治经济秩序，是资本主义制度的产物，是少数帝国主义国家在开拓世界市场、建立殖民体系过程中建立起来的。政治上表现为"强权即是公理"；经济上以资本主义在国际生产和流通领域里的垄断为基础特征。这种不公正、不合理的国际政治经济旧秩序是和平与发展世界潮流的主要障碍，改革国际旧秩序、建立国际新秩序成为世界各国人民的迫切要求，符合人类社会发展的历史潮流。

必须坚决地反对霸权主义和强权政治，改变旧的国际秩序，建立以和平共处五项原则为基础的有利于世界和平与发展的国际新秩序。和平共处五项原则的具体内容为：相互尊重主权和领土完整、互不侵犯、互不干涉内政、平等互利、和平共处。

名人名言

我特别推荐（20世纪）50年代我们亚洲人提出的和平共处五项原则，作为今后国际政治新秩序的准则。

——邓小平

知识链接

和平共处五项原则最早是由周恩来总理于1953年12月底在会见来访的印度代表团时提出的。1955年的万隆会议上，中国同印度、缅甸共同倡导了和平共处五项原则。

建立国际政治经济新秩序，主要包括以下内容：

（1）保障各国享有主权平等和内政不受干涉的权利；

（2）保障各国享有平等参与国际事务的权利；

（3）保障各国特别是广大发展中国家享有平等的发展权利；

（4）保障各个民族和各种文明共同发展的权利。

建立国际政治经济新秩序是解决和平与发展问题的有效途径。建立和平、稳定、公正、合理的国际政治经济新秩序，反映了世界发展的历史潮流，代表了世界各国人民的根本利益。它必将促进和推动国际关系的民主化和人类社会的进步繁荣。因此，建立国际政治经济新秩序，是摆在全世界人民面前的一项艰巨的任务，必须经过长期的努力。

二、中国的国际地位与作用

改革开放以来，中国经济迅速崛起，综合国力日益提高，国际影响力不断增强，对国际事务有着重要的话语权和代表性。

（一）中国的综合国力位居世界前列

所谓综合国力，指的是一个主权国家生存与发展所拥有的全部实力——物质力和精神力及其国际影响力的合力。综合国力是衡量一个国家基本国情和基本资源最重要的指标，也是衡量一个国家的经济、政治、军事、文化、科技、教育实力的综合性指标。

经过半个多世纪的发展，中国的经济建设取得了举世瞩目的成就，中国的综合国力迅速提高。2010年，中国国内生产总值达48万亿元，超过日本成为仅次于美国的世界第二大经济体。在此之前，日本稳坐世界经济"第二把交椅"长达42年。我国的对外贸易发展迅速，2010年中国的货物进出口总额达23万亿元。中国众多工农业产品产量位居世界前列。中国是世界上少数几个建成比较完备的核科技、核工业体系的国家之一，是世界上少数核大国之一，中国的军事实力不断增强。随着经济的快速发展，中国居民家庭消费水平不断上升。13亿人口大国总体达到了小康水平，并向全面建成小康社会的目标迈进。

（二）中国的国际影响力不断提升

中国是一个社会主义大国，中国综合国力的增强，推动着整个人类进步事业的发展。我国经济连续30多年的高速增长，为全球经济带来了无限商机和活力，让其他国家也分享到了我国经济发展的成果。中国是一个发展中国家，建设有中国特色社会主义理论和实践，特别是改革开放以来取得的辉煌成就，对世界经济与政治产生了积极影响，这一切使得我国在国际舞台上的地位不断提高。

资料链接

2008 北京奥运会

2008 年北京奥运会会徽

2008年北京成功举办奥运会，圆了中国人的百年梦想。北京奥运会，不仅为我们留下了丰富的物质遗产，更留下了宝贵的精神遗产；不仅促进了中国竞技体育的新跨越和不同文明之间的交流，更促进了世界对中国的认识。

北京奥运会，使中国更加自信，更加开放，更加进步，大国心态和风范亦得到塑造和锤炼。北京奥运会后的中国，更加致力于和平的发展、开放的发展、合作的发展，致力于同世界各国人民一道，建设持久和平、共同繁荣的和谐世界。

国际奥委会前主席萨马兰奇评价说："北京奥运会是所有奥运会中最好的一届。在未来应该很少有国家可以做到这种程度。这不光是我个人的看法，同时也是绝大部分媒体和国际奥委会的官员们的看法。"

（三）中国是维护地区和世界和平的重要力量

人类只有一个地球，各国共处一个世界。要和平不要战争，要发展不要贫穷，要合作不要对抗，推动建设持久和平、共同繁荣的和谐世界，是各国人民的共同愿望。

中国人民爱好和平，渴望发展。中国是社会主义国家，反对霸权主义和强权政治，倡导建立以和平共处五项原则为基础的国际新秩序。中国作为安理会常任理事国，是维护世界和平和地区稳定的坚定力量，中国的发展是世界制约战争力量的发展，中国的壮大是世界维护和平力量的壮大。中国根据国际事务本身的是非曲直决定自己的态度。

作为国际社会的重要成员，中国在国际事务中发挥着重要作用。中国在享有国际法确认的权利的同时，积极履行国际条约和义务，正确地利用在联合国的影响和否决权，调节国际争端、缓解国家间的矛盾、妥善处理重大突发事件，为推动解决国际热点问题和地区冲突发挥了积极的建设性的作用，为维护世界和平发展作出了重要贡献。

资料链接

叙利亚内战

2011 年初叙利亚爆发内战，此后局势不断升级。2012 年 2 月 4 日，俄罗斯和中国在联合国安理会投票否决了一项有关叙利亚问题的新决议案。

成为一片废墟的叙利亚街道

我国外交部新闻发言人刘为民表示："安理会在叙利亚的行动，应符合《联合国宪章》的宗旨和原则以及有关国际关系准则，应有助于缓解紧张局势，有助于推动政治对话、化解分歧，有助于维护地区的和平与稳定。基于上述原则，中方积极参与了安理会有关决议草案的磋商。但遗憾的是，提案国在各方仍有严重分歧的情况下强行推动表决。这种做法无助于维护安理会的团结和权威，无助于问题的妥善解决。因此，中国对这一决议草案投了反对票。"刘为民强调，中方愿同国际社会一道，继续为妥善解决叙利亚问题发挥积极和建设性作用，"我们呼吁叙利亚有关各方停止暴力，尤其要避免无辜民众的伤亡，尽快恢复叙利亚的正常秩序，尊重广大叙利亚人民要求变革和维护自身利益的合理诉求，这符合叙利亚和叙人民的根本利益。我们支持阿盟为政治解决叙利亚问题，维护地区稳定所做努力。"

为妥善解决叙利亚危机，中国政府特使、中国外交部副部长翟隽一行6人，于2012年2月17日下午4点抵达叙利亚首都大马士革，开始为期两天的访问。18日上午9点，中国特使外交部副部长翟隽和叙利亚总统巴沙尔·阿萨德，在大马士革总统办公地举行会谈，双方就叙利亚问题进行了坦诚深入的交流。

叙方向翟隽一行通报了目前叙利亚的形势。翟隽表示，叙利亚应该尽快结束目前的动荡局面，以确保国家稳定。中方愿与叙方加强沟通，在促成政治和谈方面发挥建设性的作用。此行的目的就是接触一下叙利亚的领导人和叙利亚的政治派别，为妥善地解决叙利亚问题做点贡献。

当天叙利亚外交部副部长阿尔努斯前往机场迎接，他表示中国政府特使此时访问非常重要，叙中两国之间的政治磋商应当继续下去。阿尔努斯认为，中国在叙利亚问题上的立场，建立在公正和正义基础之上，反映了客观现实。

知识链接

联合国安理会是联合国唯一有权采取行动来维持国际和平与安全的机构，由五个常任理事国和十个非常任理事国组成。五个常任理事国为美国、俄罗斯、中国、英国、法国。

三、我国的外交政策

中国正处在改革开放和现代化建设的新时期，需要和平的国际环境和安定的邻国关系。我国将始终不渝走和平发展道路，坚定奉行独立自主的和平外交政策，推动建立以合作共赢为核心的新型国际关系。在国际关系中，弘扬平等互信、合作共赢，在谋求本国发展中促进各国共同发展，共享安全，维护世界和平稳定。

外交政策是主权国家对外活动的目标及所采取的策略、方式和手段，它是国家性质和国家利益在对外关系中的反映，也是实现国家对外职能的手段。我国在和平共处五项原则的基础上同世界上 170 多个国家建立和发展了和平外交关系，同绝大多数邻国通过和平谈判解决了边界问题，维护了周边的和平与稳定。

（一）坚持独立自主的和平外交政策

我国外交政策的宗旨是维护世界和平，促进共同发展。维护世界和平，促进共同发展，是和平与发展的当代世界主题的要求，也是由我国国家性质和基本国情决定的。

知识链接

1949 年 9 月 21 日至 30 日，中国人民政治协商会议第一届全体会议召开，会议通过了《中国人民政治协商会议共同纲领》，其中明确规定新中国奉行独立自主的和平外交政策。

中国在近代历史上是一个遭受帝国主义欺压的国家，中国人民深知和平来之不易，这样的经历和认识促使我国外交追求和平与发展的目标。中国是社会主义国家，新中国成立后逐步确立了社会主义制度，消灭了剥削和压迫，决不会发动战争去侵略别国人民。中国仍处在社会主义初级阶段，要改变不发达的状况，需要国内的安定团结和经济的快速发展，也需要外部的和平环境作为保证。

我国外交政策的基本立场是独立自主。独立自主就是在国际事务中坚决捍卫国家的独立、主权和领土完整，对国际问题自主地决定自己的态度和对策。

参与非洲维和行动的"中国蓝"

中国坚持独立自主原则，是从中国人民和世界人民的根本利益出发，根据事务本身的是非曲直，独立自主地决定自己的态度和对策，秉持公道，伸张正义。

中国奉行独立自主的原则，强调自力更生，并不意味着中国不需要国际力量的支持，拒绝同国际力量的合作，或者回到闭关锁国的状态。中国的国策仍然是对外开放，全面发展同各国的友好合作。

中国处理国际事务和对外关系的基本准则是和平共处五项原则。它包括相互尊重主权和领土完整、互不侵犯、互不干涉内政、平等互利、和平共处。和平共处五项原则的主要内容和本质是反对侵略和扩张，维护国家的独立和主权。和平共处五项原则作为我国处理国际事务和对外关系的基本准则，写进了中华人民共和国宪法，并已成为世界上公认的处理国际关系的原则。

　　我国外交政策的基本目标是维护我国的独立和主权，促进世界的和平与发展。维护我国的独立和主权，就是要维护我们国家和民族的核心利益。促进世界的和平与发展，符合中国和世界人民的共同愿望和根本利益。我们坚决维护国家主权、安全、发展利益，决不会屈服于任何外来压力。中国将坚持把中国人民利益同世界各国人民共同利益结合起来，以更加积极的姿态参与国际事务，发挥负责任大国的作用，共同应对全球性挑战。

资料链接

中国成立国家安全委员会

　　2013年11月，党的十八届三中全会决定，设立国家安全委员会，完善国家安全体制和国家安全战略，以确保国家安全。

　　国家安全委员会是在中国综合安全形势日益严峻的大背景下应运而生的，是国家层面的国家安全和危机处理常设机构，涵盖外交、公安、安全、总参、对外经贸等多个部门。因此，成立国家安全委员会有利于统筹国内和国际两个大局、整合对内对外事务。国家安全委员会由中共中央总书记习近平任主席，中央政治局常委李克强、张德江任副主席，下设常务委员和委员若干名。

　　习近平强调，我们党要巩固执政地位，要团结带领人民坚持和发展中国特色社会主义，保证国家安全是头等大事。当前，我国国家安全内涵和外延比历史上任何时候都要丰富，时空领域比历史上任何时候都要宽广，内外因素比历史上任何时候都要复杂，必须坚持总体国家安全观，以人民安全为宗旨，以政治安全为根本，以经济安全为基础，以军事、文化、社会安全为保障，以促进国际安全为依托，走出一条中国特色国家安全道路。

　　中央国家安全委员会的设立有利于提高国家在面临各种安全危机和挑战时的应变能力，也代表着我国在捍卫国家安全和国家利益方面的决心和意志。

（二）推进中国特色大国外交

　　经过30多年的改革开放，中国经济取得了举世瞩目的成就，中国已成为世界第二大经济体和"带动世界发展的火车头"。在这种背景下，单纯地强调中国的发展中国家属性，已不能反映中国经济的成长和国际地位的提升。

2014年的中央外事工作会议，正式确立了中国特色大国外交理念的指导地位。习近平总书记在会上强调，中国必须有自己特色的大国外交。这表明，中国新一届领导集体已越来越明确地认识到，中国既是发展中国家，同时也是全球性大国。

中国特色大国外交理念的核心内容是，中国要在国际上更好地发挥负责任大国作用，并体现中国特色。中国特色大国外交，要使我国对外工作有鲜明的中国特色、中国风格、中国气派。要坚持中国共产党领导和中国特色社会主义，坚持我国的发展道路、社会制度、文化传统、价值观念。要坚持独立自主的和平外交方针，坚持把国家和民族发展放在自己力量的基点上，坚定不移走自己的路，走和平发展道路，同时决不能放弃我们的正当权益，决不能牺牲国家核心利益。要坚持国际关系民主化，坚持和平共处五项原则，坚持国家不分大小、强弱、贫富都是国际社会平等成员，坚持世界的命运必须由各国人民共同掌握，维护国际公平正义，特别是要为广大发展中国家说话。

资料链接

中国特色大国外交理念的确立

2014年11月，习近平总书记在中央外事工作会议上指出，党的十八大以来，我们着眼于新形势新任务，积极推动对外工作理论和实践创新，注重阐述中国梦的世界意义，丰富和平发展战略思想，强调建立以合作共赢为核心的新型国际关系，提出和贯彻正确义利观，倡导共同、综合、合作、可持续的安全观，推动构建新型大国关系，提出和践行亲诚惠容的周边外交理念、真实亲诚的对非工作方针。这既是对十八大以来中国外交的总结，也为中国外交的未来指明了方向。

作为世界第二大经济体、全球120多个国家的最大贸易伙伴，中国的经济起伏备受关注。中国领导人充分利用国际讲坛或多边场合，阐述中国经济的新常态，提振信心。中国在坚持奉行独立自主的和平外交政策的同时，积极参与国际热点问题的解决，无论是在朝核、伊核、叙利亚等问题上，还是在应对气候变化、能源、粮食等跨界问题上，中国的作用无处不在，表现出了大国的担当，积极维护了国际公平正义。

总之，与历史上的大国不同，中国自身已经走出了一条和平发展的新路。现在，我们还愿与世界各国一道，再走出一条合作共赢的新路。中国的外交，将在党中央领导下，奋力前行，为国家担当，为世界尽责。

资料链接

第26届联大恢复中华人民共和国合法席位

1971年10月25日，联合国第26届大会就恢复中华人民共和国在联合国一切合法权利，并立即把国民党集团的代表从联合国及其所属一切机构中驱逐出去的2758号决议进行表决。决议以76票赞成、35票反对、17票弃权的压倒多数通过。当电子计票牌显示出表决结果后，会议大厅迅雷般的掌声轰鸣，持续达两分钟之久。不少国家的代表放声高歌，热烈欢呼，有不少人像过节一样情不自禁地跳起舞来。当然，也有人感到难堪和尴尬。

这是一个具有历史意义的时刻，是一个辉煌的时刻，是一个永远值得纪念、值得中国人民以及全世界热爱和平、主持正义的国家和人民感到自豪的时刻。

中华人民共和国在1971年联合国第26届大会全体会议上恢复合法席位

中国在联合国合法席位的恢复，大大改变了联合国及安理会的投票的意志和愿望，更好地维护了世界和平和共同发展，更好地体现了联合国的宗旨。

和平与发展是当今时代的两大主题，作为跨世纪的一代人才，同学们应该树立国家观念、民族意识，珍惜目前来之不易的和平环境，努力学习科学文化知识，不断提高自身素质，将来为祖国的明天、世界的和平与发展做出贡献。

体验与践行

一、当今世界，和平与发展是两大主题，但霸权主义和强权政治仍然存在。一些敌对分子和反华势力"西化""分化"中国的图谋一天也没停止过。对此，我们应该怎样做？

作为一名学生，面对复杂多变的国际局势，你准备怎么做？

二、2015年4月7日，中国首支维和步兵营后续分队最后一个架次130名官兵从济南遥墙国际机场启程。至此，中国首支维和步兵营完成国内筹组训练阶段的所有任务，转入遂行联合国任务阶段。主要承担保护平民和联合国人员设施、人道主义救援行动，以及巡逻警戒、防卫护卫等任务。

2014年7月19日，联合国首次正式邀请中国派遣一支维和步兵营。济南军区接到军委命令后，以陆军第26集团军某摩步旅为主，抽调陆军第54集团军某师"红一连""刘老庄连"等英模单位部分官兵，加强军区范围内通信、医疗等部分专业力量，在最短时间内组建了中国首支维和步兵营。中国以往派遣的维和部队均为工程兵分队、运输分队、医疗分队和警卫分队。这次派遣整建制的步兵营，在中国军队维和历史上还是第一次。

据知，此前，联合国核查组经过全面核查，对步兵营给予了高度评价，认为他们能力素质过硬，装备配备精良，准备工作充分，可随时赴任务区执行维和任务。

7日下午，出征仪式在济南遥墙国际机场举行。步兵营副营长杨钊中校接受记者采访时表示，能够代表中国维和，是每名官兵的骄傲和自豪。维和步兵营组建后，采取基地化训练方式，进行了多层次、宽领域的针对性封闭式集训，重点学习维和常识，进行了专业技能训练和强化防卫训练。"我们有决心、有信心、有能力完成好任务，为维护和平发挥我们的作用。"

结合所学知识，谈谈这则案例说明了什么。

三、2013年11月23日，中华人民共和国政府根据1997年3月14日《中华人民共和国国防法》、1995年10月30日《中华人民共和国民用航空法》和2001年7月27日《中华人民共和国飞行基本规则》，宣布划设东海防空识别区。

具体范围为以下六点连线与中国领海线之间空域范围：北纬33度11分、东经121度47分，北纬33度11分、东经125度00分，北纬31度00分、东经128度20分，北纬25度38分、东经125度00分，北纬24度45分、东经123度00分，北纬26度44分、东经120度58分。

请你查阅资料，了解东海防空识别区的大致范围。

假如你是一名外交部发言人，对于中国划设东海防空识别区问题，你如何回应？

共建社会主义和谐社会

学习目标

认知目标：了解保障和改善民生的举措；知道社会主义核心价值体系的内容；理解科学发展观的内涵和精神实质。

能力目标：从自我做起，从身边小事做起，积极投身于和谐社会建设的各项活动中去，自觉抵制各种不良思想文化的侵蚀，以实际行动化解、消除社会主义和谐社会建设中的各种不和谐因素。

情感态度与价值观：逐步提高学生的民生意识，进一步增强社会主义文化认同感，增强贯彻落实科学发展观的自觉性，牢固树立和谐社会共建共享的观念。

第一节　保障和改善民生

　　党的十八大报告指出，加强社会建设，必须以保障和改善民生为重点。近年来，党中央从全面建成小康社会、构建社会主义和谐社会的战略高度，从解决好人民群众最关心、最直接、最现实的利益问题出发，更多地谋民生之利、解民生之忧，在学有所教、劳有所得、病有所医、老有所养、住有所居上取得了新的进展。

一、就业是民生之本

　　我国是世界上人口最多、劳动力数量最大的发展中国家，扩大就业是保障和改善民生的头等大事。解决好就业问题，事关人民幸福，关乎社会稳定。党和政府高度重视这个问题。党的十六大报告提出，"就业是民生之本"，把就业问题提升到"民生之本"的战略高度。党的十八大报告提出，"要推动实现更高质量的就业"。近年来，"就业"已成为党和政府工作报告中出现频率最高的词汇之一。党和政府不遗余力地推进就业工作，在劳动力总量增加较多、就业压力加大的情况下，保持了就业规模持续扩大和就业形势基本稳定。

资料链接

　　2003—2011 年，全国城镇新增就业人数累计达 9800 万，4000 多万高校毕业生实现稳定就业；3000 万国有企业下岗职工得到妥善安置，2800 多万下岗失业人员顺利实现再就业。2011 年底，全国农民工总量达到 2.5 亿多人，比 2003 年底增加 1.39 亿人；全国中等和高等职业教育年招生已超过 1200 万人，每年参加各种类型培训的超过 1.5 亿人次。

　　在实践中，我国的就业创业工作已探索出了不少成功做法，积累了一些宝贵的经验。
　　一是坚持促进经济发展与扩大就业相结合，使经济平稳较快发展的过程成为就业不断扩大的过程。二是坚持发挥市场机制作用与强化政府责任相结合，建立全国统一的劳动力市场和市场导向的就业机制，创造有利于稳定扩大就业的制度环境。三是坚持统筹城乡就业发展，将农民工就业服务、就业指导、职业培训纳入公共服务体系，大力促进农村劳动力在非农产业转移就业。四是坚持大力发展职业教育，加强职业培训，形成企业、职业院校和各类培训机构共同参与的职业教育基本格局。

当前和今后一个时期，我国就业形势将更加复杂、严峻，促进劳动者充分就业的任务十分繁重。为此，必须作出更大努力。

第一，坚持就业优先战略，继续实施更加积极的就业政策。在制定国民经济发展规划、调整产业结构和产业布局时，优先考虑扩大就业规模、改善就业结构、创造良好就业环境的需要，探索建立经济政策对就业影响的评价机制，把就业完成情况纳入政府综合考核体系。第二，保持经济平稳较快发展，增强经济发展对就业的拉动作用。在转变经济发展方式和推动经济结构调整中扩大就业，更加注重发展实体经济；在统筹城乡发展，积极稳妥推进工业化、城镇化和农业现代化中扩大就业，创造更多城乡就业机会。第三，加大工作和政策力度，着力解决好重点群体就业问题。继续把促进高校毕业生就业摆在当前就业工作的首位，积极拓展就业领域。推进农村富余劳动力转移就业，逐步解决好农民工在城镇就业、落户、子女就学、社会保障等方面的实际问题。强化对就业困难人员的就业援助，继续做好复员转业军人安置就业工作，加强妇女、少数民族群众、残疾人等就业工作。第四，积极扶持中小企业发展，促进以创业带动就业。中小企业特别是小微型企业是稳定扩大就业的主力军。要认真落实扶持政策，减轻企业负担，优化发展环境。要激发高校毕业生、科技人员、返乡农民工等人员的创业动力，营造有利于创业的环境，提高创业成功率。第五，大力兴办职业教育和技能培训，全面提升劳动者就业能力和技能水平。高等教育要与就业需求更加紧密结合起来，更加注重人才培养质量和就业市场需要。加强农村职业教育和农民技能培训，着力培养有文化、懂技术、会经营的新型农民。

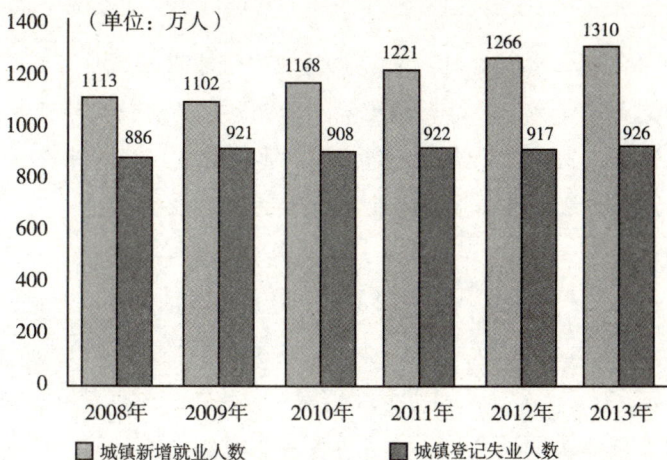

2008—2013 年城镇新增就业人数及城镇登记失业人数

就业是民生之本。我们要贯彻劳动者自主就业、市场调节就业、政府促进就业和鼓励创业的方针，实施就业优先战略和更加积极的就业政策。引导劳动者转变就业观念，鼓励多渠道多形式就业，促进创业带动就业，做好以高校毕业生为重点的青年就业工作和农村转移劳动力、城镇困难人员、退役军人就业工作。加强职业技能培训，提升劳动者就业创业能力，增强就业稳定性。健全人力资源市场，完善就业服务体系，增强失业保险对促进就业的作用。健全劳动标准体系和劳动关系协调机制，加强劳动保障监察和争议调解仲裁，构建和谐劳动关系。

资料链接

党和国家领导人关心就业工作

1. 2013 年 5 月 14 日至 15 日，习近平总书记到天津考察工作。总书记特别关心就业工作，他到人力资源发展促进中心，了解中心提供的就业服务项目，并同正在现场的招聘人员和应聘大学生亲切交谈，详细询问有关情况。他还前往天津职业技能公共实训中心，了解职业技能培训情况，并同高校毕业生、失业人员、农村富余劳动力等代表座谈。

在听取了座谈会上各位代表的发言后，习近平总书记指出，就业是民生之本，解决就业问题根本要靠发展。要切实做好以高校毕业生为重点的青年就业工作，加强城镇困难人员、退役军人、农村转移劳动力就业工作，搞好职业技能培训、完善就业服务体系，缓解结构性失业问题。他勉励当代大学生志存高远、脚踏实地，转变择业观念，坚持从实际出发，勇于到基层一线和艰苦地方去，把人生的路一步步走稳走实，善于在平凡的岗位上创造不平凡的业绩。他要求有关部门加大对高校毕业生自主创业支持力度，对就业困难毕业生进行帮扶，增强学生就业创业和职业转换能力。

2. 2013 年 6 月 7 日至 8 日，李克强总理到河北考察工作。8 日下午，总理专门到河北师范大学考察，了解大学生就业情况。总理对该校毕业生到基层工作给以鼓励并深情寄语同学们只有"下得去"，本事才能"上得来"，干事才能"拿得起"，基层最能锻炼人，极大地鼓舞和激励了该校师生。

当得知该校今年有不少师范类毕业生选择到基层学校就业这一情况，李克强说，教育要给每一个人平等的机会。中国是一个农业大国，农村孩子受教育的程度和水平与城市还有一定差距。你们到农村去，会让农村孩子有更多公平的机会接受教育，有利于他们成长成才，你们是打开孩子们思想、心灵、知识大门的金钥匙。

在学校学生就业指导中心，李克强对同学们说，下基层、到基层工作，才能使人更快地成长起来；基层的经验，无论以后走到什么岗位都将是一笔宝贵的财富，只有经历基层锻炼，才会成长为社会的有用之才。

二、教育是民生之基

(一) 办好人民满意的教育

教育是一个民族最根本的事业，涉及千家万户，惠及子孙后代，关系国家的前途命运和长治久安，是人民群众普遍关心的重要工作。党的十八大报告明确提出，要坚持教育优先发展，全面贯彻党的教育方针，坚持教育为社会主义现代化建设服务、为人民服务，把立德树人作为教育的根本任务，培养德智体美全面发展的社会主义建设者和接班人。促进教育事业优先发展、公平发展，对促进社会公平正义、构建社会主义和谐社会具有重要的意义。加快教育发展，是建设人力资源强国、促进经济社会协调发展的必然选择。总之，办好人民满意的教育具有特别重要的意义。

资料链接

党的十八大以来，教育的改革与发展迈出了新步伐。2012 年岁末，各省陆续出台的异地高考方案，被认为是教育深水区改革的艰难"破冰"，从而使教育公平向前迈出重要一步。2013 年秋季学期开学，全国首部中小学生学籍管理办法启动实施，配套启动的电子学籍系统也要实现全国联网，从技术层面彻底杜绝可能与择校或高考移民挂钩的虚假学籍、重复学籍，同时也为随迁子女跨省转学提供了便利服务。此外，在加强教师队伍建设方面，教育部也先后出台了一系列规章制度，如《关于建立健全中小学师德建设长效机制的意见》《义务教育学校校长专业标准（试行）》，"以德为先"旗帜鲜明，"一票否决"措施严厉，师德评价正成为教师队伍建设与改革的新亮点。

(二) 大力发展职业教育

职业教育在我国整个教育体系中的重要性日益凸显。近年来，国家高度重视职业教育的发展，先后出台的一系列政策为职业教育的发展提供了保障、指明了方向。加快发展现代职业教育对于深入实施创新驱动战略，创造更大人才红利，加快转方式、调结构、促升级具有十分重要的意义。《国务院关于加快发展现代职业教育的决定》明确提出，到 2020 年形成适应发展需求、产教深度融合、中职高职衔接、职业教育与普通教育相互沟通，体现终身教育理念，具有中国特色、世界水平的现代职业教育体系。

目前，职业教育的发展虽然还存在理念相对滞后、学生文化基础薄弱、可持续发展能力不强等问题，但政府正在通过一系列举措改善职业教育的发展环境，不断增加投入，在体制机制上营造职业教育新的发展环境。因此，职业教育的发展前景是美好的。

想一想

对于五年制高职生来说，大力发展职业教育有什么重要意义？

三、分配是民生之源

"分配"是人民休养生息的源泉。落实"改革发展成果让人民共享"，就要推进分配制度改革，完善以按劳分配为主体、多种分配方式并存的分配制度，建立正常的工资增长机制，通过"扩中、提低、限高"，缩小贫富差距，形成"两头小、中间大"的分配格局，让广大人民群众都过上好日子。

由于历史和现实的多种原因，当前我国地区、行业之间居民收入分配差距依然较大，虽然基尼系数最近几年出现了下降的趋势，但仍高于国际警戒线。这说明，推进收入分配合理、公平的任务依然艰巨。为此，必须深化收入分配制度改革，努力实现居民收入增长和经济发展同步、劳动报酬增长和劳动生产率提高同步，提高居民收入在国民收入分配中的比重，提高劳动报酬在初次分配中的比重。初次分配和再分配都要兼顾效率和公平，再分配更加注重公平。完善劳动、资本、技术、管理等要素按贡献参与分配的初次分配机制，加快健全以税收、社会保障、转移支付为主要手段的再分配调节机制。深化企业和机关事业单位工资制度改革，推行企业工资集体协商制度，保护劳动所得。多渠道增加居民财产性收入。规范收入分配秩序，保护合法收入，增加低收入者收入，调节过高收入，取缔非法收入。

四、社保是民生之依

社会保障，是人民生存和发展的依托。党的十八大报告指出，要坚持全覆盖、保基本、多层次、可持续方针，以增强公平性、适应流动性、保证可持续性为重点，全面建成覆盖城乡居民的社会保障体系。

（一）我国社会保障体系的内容

我国的社会保障体系，包括社会保险、社会救济、社会福利、社会优抚等内容，其中社会保险是社会保障的核心。社会保障的几个方面是相互联系、相辅相成的。

1. 社会保险

所谓社会保险，是指国家通过立法建立的旨在使劳动者因年老、患病、生育、伤残、死亡等原因丧失劳动能力或因失业中断劳动而使本人和家属失去生活来源时，能够从社会（国家）获得物质帮助的一种社会保障方案。其主要内容包括养老保险、失业保险、医疗保险、工伤保险和生育保险等。

2. 社会救济

社会救济是中央和地方政府通过财政拨款，依法对特定的社会救助对象按规定向其提供社会援助的救助制度。一般分为定期定量救助和临时救济。社会救济属于社会保障体系的最低层次，是实现社会保障的最低纲领和目标。

3. 社会福利

社会福利的概念有广义和狭义之分。广义的社会福利是指政府为全体社会成员创建有助于提高生活质量的物质和文化环境而提供各种福利服务，如公共卫生、公共娱乐、市政建设、家庭补充津贴、教育津贴、住宅津贴等。狭义的社会福利是指政府和社会向老人、儿童、残疾人等特殊群体提供必要的社会援助，以提高他们的生活水准和自立能力。

4. 社会优抚

社会优抚，又称优抚安置，是国家和社会对军人、烈士及其家属所提供的各种优待、抚恤、养老、就业安置等待遇和服务的社会保障制度。

除此之外，社会互助也是社会保障体系的组成部分。社会互助是指在政府鼓励和帮助下，由社会团体和社会成员自愿组织和参与的扶弱济困活动。它既包括为受助者提供资金的社会（国内）捐赠、海外捐赠、互助基金和义演、义赛、义卖活动等，还包括为受助者提供服务的邻里互助、团结互助和慈善事业等社会互助活动等。

基本功能

（二）建立健全社会保障体系的意义

第一，建立健全社会保障制度体系有利于劳动力自身的生产和再生产。通过社会保障制度，降低人们社会生活的风险，保障社会弱势群体的基本生活需要，保证劳动者自身的生产不会因为生活陷入困境而中断。

第二，建立健全社会保障制度体系对国民经济的发展具有调节作用。社会保障能够刺激社会总需求，保证劳动力市场供需平衡，同时还能为国民经济的发展提供资金，如一些基金类的社会保障基金可用于社会的生产建设。

第三，建立健全社会保障制度体系是进行社会资源再分配的一种手段。通过调整社会成员的收入差距保证全体成员的基本生活，有利于社会的稳定和共同富裕，体现了社会主义制度的优越性。

实践表明，社会保障体系是确保社会稳定、推动经济发展的"平衡器"。社会保障问题不解决好，就会影响社会安定，带来一系列问题。

知识链接

党的十八大报告关于社会保障体系建设的论述

社会保障是保障人民生活、调节社会分配的一项基本制度。要坚持全覆盖、保基本、多层次、可持续方针，以增强公平性、适应流动性、保证可持续性为重点，全面建成覆盖城乡居民的社会保障体系。改革和完善企业和机关事业单位社会保险制度，整合城乡居民基本养老保险和基本医疗保险制度，逐步做实养老保险个人账户，实现基础养老金全国统筹，建立兼顾各类人员的社会保障待遇确定机制和正常调整机制。扩大社会保障基金筹资渠道，建立社会保险基金投资运营制度，确保基金安全和保值增值。完善社会救助体系，健全社会福利制度，支持发展慈善事业，做好优抚安置工作。建立市场配置和政府保障相结合的住房制度，加强保障性住房建设和管理，满足困难家庭基本需求。坚持男女平等基本国策，保障妇女儿童合法权益。积极应对人口老龄化，大力发展老龄服务事业和产业。健全残疾人社会保障和服务体系，切实保障残疾人权益。健全社会保障经办管理体制，建立更加便民快捷的服务体系。

五、稳定是民生之盾

民生得以改善，需要社会的长治久安、经济的持续健康发展，而稳定是个重要前提。没有稳定的社会环境，人民就缺乏安全感，经济发展也无从谈起，民生也就难以得到保障。因此说"稳定"是人民安居乐业的可靠保障和坚强后盾。

"稳定压倒一切"，"利莫大于治，害莫大于乱"，就是要重视社会稳定工作，健全社会矛盾纠纷处理机制，排难解纷，把各种矛盾化解在萌芽状态。加强社会治安防控体系和综合治理，依法严厉打击各种刑事犯罪，争取社会治安状况的根本好转，增强人民群众的安全感。

保障和改善民生有利于促进社会稳定。民生与稳定，是既外在联系又内在统一的关系。稳定不仅是保障和改善民生的外在要求，更是内在需要。纵观国内外历史，我们不难发现，一个国家若是发生动荡，最受伤最无辜的自然是老百姓，连最基本的生存权都难以保障，也就更谈不上发展经济与保障和改善民生了。

历史经验表明：唯有稳定，才能搞好经济建设；唯有稳定，人民群众才能和谐共处；唯有稳定，才能解决民生问题；唯有稳定，才能实现社会的进步和发展。

资料链接

邓小平关于"稳定"的论述至今仍然振聋发聩

1989 年 3 月 4 日，邓小平在同中央负责同志谈话时指出："我们搞四化，搞改革开放，关键是稳定。压倒一切的是稳定。中国不能乱，这个道理要反复讲，放开讲。"改革开放 30 多年来，正是在和平稳定的环境中，我国经济以年均近 10% 的增长率实现了起飞，国家面貌发生了历史性变化，百姓的生活也得到极大的改善。"老话讲，家和万事兴。国家也是一个道理，没有国家的稳定，老百姓哪里去找这么多惠民的好政策？国家和谐稳定，事事兴盛，得实惠的还是咱老百姓。"一位普通居民的朴实话语，道出了广大百姓的心声。

"没有稳定的环境，什么都搞不成，已经取得的成果也会失掉。"动乱，往往是国家的歧途、人民的悲剧。一场"文化大革命"，十年内乱，结果是发展滞后、物资奇缺、民生凋敝，给国家和人民烙下了深深的伤痕。新千年伊始，地区动乱时有发生，中东北非一些国家政局持续动荡，社会混乱，冲击经济，殃及百姓，利比亚更是深陷战争旋涡。"一国尽乱，无有安家；一家皆乱，无有安身。"这些国家和人民的遭遇令人同情，对所有爱好和平、向往幸福的人们，也是一个沉重的警醒。

重温这两句话，使我们对"稳定"这个似乎耳熟能详的问题有了新观照、新思考。有时候，在对比和变化中，人们能够更加真切地感受和理解世界，对于稳定更是这样。

经历了"3·14"事件的风雨，西藏农牧民们更加坚定地表示要"维护团结稳定的局面"；走出了"7·5"事件的伤痛，新疆各族人民更加深刻地体会到"稳定是最大的民生"。对于刚从战火纷飞的利比亚撤离回国的近 3.6 万名中国公民来说，"刺刀在雨水中闪着寒光"的可怕回忆，让他们备觉家里灯光的温暖；"枕着枪炮声入眠"的痛苦经历，让他们感受和谐发展的祖国是何等强大，安定环境中的睡眠是何等香甜。即便是日前的盲目购盐风波，也让人们反思风险和谣言冲击之下，保持社会秩序和理性心态是多么可贵。

稳定，连着国事与家事，关系整体和个人，它就在我们身边，融入了我们的生活。也正因为如此，全国政协委员叶小文感慨："和谐稳定就像我们周围的空气，平常也许感受不到，但稍稍稀薄，其重要性就立刻凸显出来。"

稳定是福，动乱是祸。这一道理看似朴素，其实深刻。"没有社会稳定，幸福只能是一句空话。"身在福中，我们应该"惜福"，珍惜来之不易的和谐稳定局面；更需要"造福"，用以人为本的发展，不断夯实民生改善的基础，用我们每一个人的努力，在稳定中获得更大的发展，在发展中不断收获幸福的果实。只有这样，才能长久地"享福"。

体验与践行

一、案例分析

很多年前还被看成是"欧洲乞丐"的农业国家——爱尔兰，如今已成为世界最富有的国家之一，1968年实行了免费高中教育，并同时推广免费高级技术培训。值得一提的是，爱尔兰的二元教育特色体系为其经济发展提供了强大推动力：

一般院校完成基础的理论研究，地区技术学院和理工学院则直接面向社会经济需求，提供技术和职业技能培训。这种教育，使爱尔兰成为世界上年轻学者和技术人才最丰富的国度。在爱尔兰，20—34岁年龄段每千人拥有大学生16人，远高于美国和德国（美国是7人，德国是5人），这为爱尔兰实现经济腾飞提供了充足的受过良好教育的劳动力资源。

1. 根据上述材料谈谈爱尔兰成功的原因。

2. 你认为中国的教育应该如何发展？

二、调查与思索

1. 在国家大力保障和改善民生的当下，近5年来你的家乡在民生领域有哪些变化？还存在哪些亟须解决的问题？尝试写一篇调查报告。

2. 利用课余时间了解自己所在的学校近3年来毕业生的就业情况，并结合当前国家关于高校毕业生就业、创业的一系列政策、规定，以及自己专业学习的实际情况，思考面对严峻的就业形势应该如何从现在做起。

第二节 建设社会主义文化强国

"实现中华民族伟大复兴，就是中华民族近代以来最伟大的梦想。"这是习近平总书记对"中国梦"的深刻解析。从鸦片战争以来，无数先辈为了救亡图存、兴国强民，做了一次又一次无畏的探索和努力：从魏源"师夷之长技以制夷"的呼喊到共产主义在中国"徘徊"与"扎根"，从孙中山"天下为公"的理想信念到"科学发展观"的生动实践，无数革命仁人志士的实践证明，只有中国特色社会主义的发展道路、理论体系和社会制度，才是实现"中国梦"的唯一正确选择。

"中国梦"的构想与践行，有如一盏明灯一直照耀在华夏大地，催促着全体华夏儿女奋然前行、拼搏奋斗。"到中国共产党成立 100 年时全面建成小康社会的目标一定能实现，到新中国成立 100 年时建成富强民主文明和谐的社会主义现代化国家的目标一定能实现，中华民族伟大复兴的梦想一定能实现。"习近平总书记对实现"百年梦想"所作的铿锵有力的宣示，激励着我们全力以赴，实干兴邦。

"中国梦"的实现，离不开"兴国之魂"的科学理论和先进文化建设。全面建成小康社会，实现中华民族伟大复兴，必须推动社会主义文化大发展大繁荣。我们要发挥文化引领风尚、教育人民、服务社会、推动发展的作用，提高国家文化软实力和竞争力，使中华文化在世界民族文化之林中，焕发出独有的魅力和光彩。

一、推动社会主义文化大发展大繁荣

文化是民族的血脉，是人民的精神家园。当今世界正处在大发展大变革大调整时期，当代中国正在新的历史起点上向着新的奋斗目标迈进，文化的作用更加广泛而深刻。从国际看，综合国力竞争的一个显著特点就是文化的地位和作用更加凸显，许多国家特别是主要大国都把提高文化软实力作为增强国家核心竞争力的重要战略。在世界范围内各种思想文化交流、交融、交锋更加频繁的背景下，谁占据了文化发展制高点，谁拥有了强大文化软实力，谁就能够在激烈的国际竞争中赢得主动。与此同时，我国已经进入了全面建成小康社会的决定性阶段和深化改革开放、加快转变经济发展方式的攻坚时期，文化越来越成为民族凝聚力和创造力的重要源泉，越来越成为综合国力竞争的重要因素，越来越成为经济社会发展的重要支撑，丰富精神文化生活越来越成为我国人民的热切愿望。党的十八大提出了建设社会主义文化强国的目标，毫无疑问符合我国实际，符合党和国家发展要求。

（一）社会主义文化的含义和意义

1.社会主义文化的含义

社会主义文化，是以社会主义意识形态为核心，以构建社会主义核心价值体系为根本，以崇尚和谐、追求和谐为价值取向的思想文化。它融思想观念、思维方式、行为规范、社会风尚于一体，反映着人们对和谐社会的总体认识、基本理念和理想追求。和谐文化既是和谐社会的重要特征，也是实现社会和谐的精神动力。

2.社会主义文化的意义

文化是民族的血脉，是人民的精神家园。在中华文明发展的历史长河中，中国人民自强不息、奋发图强、前赴后继、上下求索的精神已经深深熔铸在中华民族的精神品格中，成为中华文明生生不息、薪火相传的力量源泉。在建设中国特色社会主义的今天，富强、民主、文明、和谐，自由、平等、公正、法治，爱国、敬业、诚信、友善，成为社会主义核心价值体系的重要内容。发展和繁荣先进文化，成为推动中国特色社会主义伟大事业、实现中华民族伟大复兴的强大的精神动力和文化支撑。

文化能够培养人。20世纪的这一百年，是中国人民精神世界和精神面貌发生巨大变化的一百年。这与我们党大力推动先进文化在中国的传播和发展密不可分，与深刻反映革命、建设、改革历程，饱含民族精神和时代精神的众多优秀文化作品的创作传播密不可分。文化春风化雨，润物无声，温润心灵，涵养人生。人们通过文化艺术启蒙心智、认识社会、获得思想上的教益，从丰富多彩的优秀文艺作品和文化体验中，潜移默化地树立理想信念，践行社会主义荣辱观，培育民族精神和时代精神。没有人民精神世界的极大丰富，没有全民族精神力量的充分发挥，一个国家、一个民族不可能屹立于世界民族之林。

文化能够改善民生。丰富精神文化生活已越来越成为人民群众的热切期盼。文化发展水平是衡量社会幸福指数的重要指标。让人民享有健康丰富的精神文化生活，是全面建成小康社会的重要内容。健全的公共文化服务体系，高质量的公共文化服务能力和服务水平，合理的文化产业格局，丰富的精神文化产品，是满足人民群众日益增长的精神文化需求，维护人民群众的文化权益，保障人民平等享受文化改革发展成果的必然要求。坚持以人为本，改善文化民生，促进社会和谐，增进人民福祉，提高发展质量，是文化建设义不容辞的重要责任。

文化能够促进发展。文化越来越成为经济社会发展的重要支撑。文化不仅直接贡献于经济增长，而且对提升经济发展质量具有重要作用。文化以其强大的渗透力影响着经济的发展，历史、传统、民俗等文化资源日益成为经济发展的基础资源，创意、设计、构思等文化创新日益成为价值创造的重要支点，品牌、形象、信誉等文化形态的无形资产日益成为市场竞争的关键所在。

文化整体实力和竞争力是国家富强、民族振兴的重要标志。站在新的历史起点上，充分发挥文化的作用，努力推动中华文化在继承创新中发展，必将为中华民族伟大腾飞高扬精神旗帜、点燃理想火炬、增强发展持久力。

（二）推动社会主义文化建设

党的十八大提出了"推进社会主义文化强国建设"思想和目标。文化建设是发展教育、科学、文学艺术、新闻出版、广播电视、卫生体育、图书馆、博物馆等各项文化事业的活动。它既是建设物质文明的重要条件，也是提高人民思想觉悟和道德水平的重要条件。建设社会主义文化强国，是民之所需，民心所向。文化强国对内集中体现在中华民族凝聚力的提升和国民素质的提高，对外就是中华文化影响力的增强。大力推进社会主义文化建设，应主要把握好以下几个方面：

1.在全社会树立中国特色社会主义的共同理想，广泛开展社会主义荣辱观教育，培育文明道德风尚

进一步深入开展理想信念教育，进行党的基本理论、基本路线、基本纲领、基本经验教育，加强国情教育、形势政策教育和中国革命、建设、改革的历史教育，在全社会进一步增强建设中国特色社会主义的信念和信心。大力加强社会主义核心价值体系建设，形成全民族奋发向上的精神力量和团结和睦的精神纽带。深入进行以社会主义荣辱观为主要内容的思想道德建设。弘扬以"八荣八耻"为主要内容的社会主义荣辱观，广泛倡导爱国、敬业、诚信、友善等道德规范，积极开展社会公德、职业道德、家庭美德教育，特别要加强和改进青少年思想道德建设，促进全社会形成知荣辱、讲正气、促和谐的风尚，形成男女平等、尊老爱幼、扶贫济困、礼让宽容的人际关系。发扬艰苦奋斗精神，提倡勤俭节约，倡导健康文明的生活方式。总之，要通过不懈的努力，进一步形成全社会的共同理想信念和道德规范，为全面建设小康社会、构建社会主义和谐社会奠定牢固的思想道德基础。

知识链接

走中国特色社会主义文化发展道路

建设社会主义文化强国，必须走中国特色社会主义文化发展道路，坚持为人民服务、走社会主义服务的方向，坚持百花齐放、百家争鸣的方针，坚持贴近实际、贴近生活、贴近群众的原则，推动社会主义精神文明和物质文明全面发展，建设面向现代化、面向世界、面向未来的，民族的科学的大众的社会主义文化。

2.加快发展文化事业和文化产业，不断满足人民群众的精神文化需求

一是继续推进文化体制改革。加快政府职能转变，明确政府在促进文化事业和文化产业发展中的职能定位，政府要切实履行好发展公益性文化事业的责任。充分发挥市场在配置文化资源中的基础性作用，积极推进政企分开、政资分开、管办分离。推进文化管理体制机制创新，努力在深化文化单位内部人事改革、经营性文化单位转企改制、健全现代文化市场体系等方面取得新突破，更好地促进文化事业和文化产业健康发展。二是坚持以人为本，着眼于满足人民群众文化需求，维护和实现人民的文化权益，逐步建立覆盖全社会的公共文化服务体系。要进一步加大投入，把发展公益性文化事业作为保障人民文化权益的主要途径，建立健全公共文化服务网络，丰富服务内容和形式，进一步提高公共文化产品和服务供给能力。继续建设一批国家重大文化工程，优先安排关系群众切身利益的文化建设项目。以重点文化工程为依托，大力推进农村和基层文化建设，突出抓好广播电视村村通工程、社区和乡镇综合文化站建设工程、全国文化信息资源共

享工程、农村电影放映工程、流动舞台车工程、农家书屋工程等。进一步繁荣新闻出版、广播影视、文学艺术和社会科学。树立精品意识，实施精品战略，创作和生产出更多反映时代精神、积极向上、陶冶情操、愉悦身心的优秀作品。进一步完善国家文化艺术创新扶持和资助机制，支持创意性艺术创作和科研活动，鼓励用高新技术推动文化产品的生产，增强文化产品的艺术表现力，引导创意性文艺创作健康发展。进一步加强文化遗产和档案保护工作。开展全国文化遗产普查，重点做好世界文化遗产、大遗址、历史文化名城和文物保护单位、重要革命历史文物和重点革命历史遗迹全过程保护管理，抢救和保护濒危的民族文化遗产，加快构建覆盖物质与非物质文化遗产的综合保护体系。三是进一步完善文化产业政策，大力发展文化产业。着力培育有创新能力和市场竞争力的文化市场主体。进一步深化国有文化企业改革，优化资源配置，把存量的改造、盘活与增量的创新、扩张结合起来，做大做强一批国有和国有控股的骨干文化企业；引导各类社会资本依法进入文化产业，为各类文化企业健康发展和平等竞争创造有利环境，促进形成一批有自主创新能力和竞争能力的文化企业和企业集团。实施全国文化产业服务工程，加强文化产业信息交流、产品交易、项目合作平台建设。支持对外文化贸易和外向型文化企业发展，把丰富的民族文化资源转换成为优势文化产品，增强民族文化产品的竞争力和影响力。

3. 加强文化市场管理，规范文化市场秩序

进一步健全文化市场体系，建设门类齐全、服务周到的文化市场，促进文化产品和生产要素合理流动。重点培育音像制品、演出娱乐、影视剧、艺术品等文化产品市场，培育和规范以网络为载体的新兴文化市场，丰富和发展动漫演出市场。加强人才、信息、资本等文化要素市场建设。确立演出经纪人职业资格论证制度，制定和完善文化中介机构的管理办法，建设演出协作网络、音像市场网络和电影院线，在大中城市推广票务连锁服务，积极发展文化电子商务。健全文化市场行业组织，制定行业规范，发挥行业协会在市场协调、行业自律、服务维权等方面的作用。要进一步加快文化市场管理法制建设，为文化市场健康有序发展提供保障。进一步完善连锁网吧管理及电子游戏经营场所管理的有关政策，健全文化市场准入和退出机制。进一步整顿文化市场秩序，坚持开展"扫黄打非"，严厉打击文化市场上的违法违规行为。

在国际化的社会舞台上，中国文化更需要走出去。通过文化交流、通过"走出去"使中华文化能够更多地融入世界，以让更多人了解和尊重中华文化，从而提升中华文化在国际上的影响力。只有通过文化产品和服务获得世界各国消费者的青睐，并在市场上被人们接受，才能真正使人们对中华文化产生兴趣，从而与中华文化进行沟通、理解、达到相互尊重，这样长期积累，对中国的了解才能更加客观、全面、真实，这样才能真正提升中华文化软实力，真正建立一个文化自觉、文化自信、文化自强的社会主义文化强国。

资料链接

随着中国文化"走出去"战略的推行，中国文化"走出去"的规模不断扩大。截至2013年年末，全国文化系统批准对外文化交流项目2159个，共66338人次参加。全年文化系统配合中央及有关部门参与各类访问35次，接待外国政府文化代表团32个，与24个国家签订或续签文化交流年度执行计划，与9个国家签订了互设文化中心协定或谅解备忘录。而诸如文化旅游、文化会展等特色的文化产业则更是弘扬传统文化的契机和向世界展示中国自信的名片。中国文化"走出去"的形式也日渐丰富。形成了以版权"走出去"、文化艺术"走出去"、企业"走出去"等为主的多渠道的对外文化交流形式。

随着国家文化"走出去"战略以及各种政策措施的逐渐实施，中国国家文化影响力和竞争力不断提升。值得注意的是，当前中国的文化产品的供给，以及文化影响力仍然不足。目前，包括中国在内的发展中国家的工艺品、庆祝活动用品、挂毯、纱制品、时尚用品和雕塑等文化产品占世界出口额的比重均在70%以上，显示出发展中国家在低文化含量的文化制品方面具有比较优势。发达国家在音像产品、CD和VCD以及录像带、建筑设计、表演艺术、视觉艺术、乐器、印刷乐谱、图书、出版、报纸、古董、绘画和摄影等文化产品上出口占比超过发展中国家，优势非常明显。

二、加强社会主义核心价值体系建设

（一）社会主义核心价值体系的内涵

社会主义核心价值体系是在构建和谐社会、建设和谐文化中应运而生的，是社会主义意识形态的本质体现。只有全面准确地理解社会主义核心价值体系的内涵，才能牢牢把握和谐文化建设的正确方向。

党的十六届六中全会把社会主义核心价值体系概括为四个方面，即马克思主义指导思想、中国特色社会主义共同理想、以爱国主义为核心的民族精神和以改革创新为核心的时代精神、社会主义荣辱观。这四个方面共同构成了社会主义核心价值体系的基本内容。

这四方面的内容相互联系、相互沟通、相互促进，是有机统一的整体。其中马克思主义指导思想是社会主义核心价值体系的灵魂；中国特色社会主义共同理想是社会主义核心价值体系的主题；民族精神和时代精神是社会主义核心价值体系的精髓；社会主义荣辱观是社会主义核心价值体系的基础。只有坚持用社会主义核心价值体系教育和引领广大人民群众，才能充分发挥和谐文化在推进经济社会发展中的巨大作用。

（二）建设社会主义核心价值体系的意义

加强社会主义核心价值体系建设，是我们党适应思想文化领域和国际国内形势发展新变化提出的重大战略任务，是推进社会主义文化强国建设的重大战略举措。社会主义核心价值体系的提出，不仅具有充足的实践依据，而且具有重大的现实意义。

改革开放以来，我们党在思想文化建设上取得了一系列重大成果，这些重大成果为建设社会主义核心价值体系提供了丰富的思想精神养料和来源。在改革开放30多年的实践中，我们不仅建立起社会主义市场经济体制，而且与之相适应，在思想价值观念上逐步建立起具有现代意义的民主法治、科学务实、公平正义、诚信友爱、文明和谐等价值观念，形成了中国特色社会主义理论体系，形成了勇于改革、敢于创新的时代精神，提出了"八荣八耻"社会主义荣辱观。这些成果既反映着我们这个时代，也有力地推动着我们这个时代前进，为我们构建一种富有时代特征、人文内涵、中国气派和普遍认同的现代社会主义核心价值体系，提供了极为丰富的精神养料和思想来源。

在思想大活跃、观念大碰撞、文化大交融的复杂国际国内环境下，建设反映时代进步要求的社会主义核心价值体系极具必要性紧迫性。当前，我们正处在一个大发展、大变革的时代，国际国内形势的深刻变化使我国意识形态领域面临空前复杂的情况。从国际看，经济全球化深入发展，各种思想文化相互激荡，不同文明交流、交融、交锋更加频繁，进一步凸现了文化软实力在综合国力竞争中的战略地位，凸现了核心价值体系在社会发展和国家安全中的"生命线"作用。从国内看，我国已进入经济社会发展十分关键的时期，特别是随着利益格局的不断调整，社会生活日趋多样化，社会意识更加多样、多元、多变，这既为社会发展注入了活力，也带来了社会思潮的纷繁变幻。如何提高党对社会思想文化和价值观念的整合能力，扩大主流意识形态的影响，弘扬积极健康的道德风尚，成为新形势下必须解决好的重大课题。提出建设社会主义核心价值体系，有利于在当代中国牢固树立起民族的强大精神支柱，巩固全党全国各族人民团结奋斗共同的思想道德基础。

资料链接

2014年5月4日，习近平总书记在北京大学师生座谈会上指出："青年的价值取向决定了未来整个社会的价值取向，而青年又处在价值观形成和确立的时期，抓好这一时期的价值观养成十分重要。这就像穿衣服扣扣子一样，如果第一粒扣子扣错了，剩余的扣子都会扣错。人生的扣子从一开始就要扣好。'凿井者，起于三寸之坎，以就万仞之深。'青年要从现在做起、从自己做起，使社会主义核心价值观成为自己的基本遵循，并身体力行大力将其推广到全社会去。"

加强社会主义核心价值体系建设，是实现全面建成小康社会奋斗目标、夺取中国特色社会主义新胜利的迫切需要。中国特色社会主义道路是一条通向国家富强、民族振兴、人民幸福的康庄大道。坚持和发展中国特色社会主义，必须积极探索社会主义精神和价值层面的本质规定性。社会主义核心价值体系反映了我国社会主义基本制度的本质要求，渗透于经济建设、政治建设、文化建设、社会建设、生态文明建设的各个方面，决定着中国特色社会主义的发展方向。加强社会主义核心价值体系建设，必将进一步坚定人们对中国特色社会主义的坚定信念，激励全党全国各族人民同心协力为实现中华民族伟大复兴的中国梦而不懈奋斗。

（三）社会主义核心价值体系建设的方法与途径

建设社会主义核心价值体系是一项十分繁重和艰巨的任务，要整体规划、稳步推进。为此要做到：

广泛开展道德实践活动。以诚信建设为重点，加强社会公德、职业道德、家庭美德、个人品德教育，形成修身律己、崇德向善、礼让宽容的道德风尚。大力宣传先进典型，评选表彰道德模范，形成学习先进、争当先进的浓厚风气。在国家博物馆设立英模陈列馆。深化公民道德宣传日活动，组织道德论坛、道德讲堂、道德修身等活动。加强政务诚信、商务诚信、社会诚信和司法公信建设，开展道德领域突出问题专项教育和治理，完善企业和个人信用记录，健全覆盖全社会的征信系统，加大对失信行为的约束和惩戒力度，在全社会广泛形成守信光荣、失信可耻的氛围。把开展道德实践活动与培育廉洁价值理念相结合，营造崇尚廉洁、鄙弃贪腐的良好社会风尚。

深化学雷锋志愿服务活动。大力弘扬雷锋精神，广泛开展形式多样的学雷锋实践活动，采取措施推动学雷锋活动常态化。以城乡社区为重点，以相互关爱、服务社会为主题，围绕扶贫济困、应急救援、大型活动、环境保护等方面，围绕空巢老人、留守妇女儿童、困难职工、残疾人等群体，组织开展各类形式的志愿服务活动，形成"我为人人、人人为我"的社会风气。把学雷锋和志愿服务结合起来，建立健全志愿服务制度，完善激励机制和政策法规保障机制，把学雷锋志愿服务活动做到基层、做到社区、做进家庭。

深化群众性精神文明创建活动。各类精神文明创建活动要在突出社会主义核心价值观的思想内涵上求实效。推进文明城市、文明村镇、文明单位、文明家庭等创建活动，开展全民阅读活动，不断提升公民文明素质和社会文明程度。广泛开展美丽中国建设宣传教育。开展礼节礼仪教育，在重要场所和重要活动中升挂国旗、奏唱国歌，在学校开学、学生毕业时举行庄重简朴的典礼，完善重大灾难哀悼纪念活动，使礼节礼仪成为培育社会主流价值的重要方式。加强对公民文明旅游的宣传教育、规范约束和社会监督，增强公民旅游的文明意识。

发挥优秀传统文化怡情养志、涵育文明的重要作用。中华优秀传统文化积淀着中华民族最深沉的精神追求，包含着中华民族最根本的精神基因，代表着中华民族独特的精神标识，是中华民族生生不息、发展壮大的丰厚滋养。建设优秀传统文化传承体系，加大文物保护和非物质文化遗产保护力度，加强对优秀传统文化思想价值的挖掘，梳理和萃取中华文化中的思想精华，作出通俗易懂的当代表达，赋予新的时代内涵，使之与中国特色社会主义相适应，让优秀传统文化在新的时代条件下不断发扬光大。重视民族传统节日的思想熏陶和文化教育功能，丰富民族传统节日的文化内涵，开展优秀传统文化教育普及活动，培育特色鲜明、气氛浓郁的节日文化。增加国民教育中优秀传统文化课程内容，分阶段有序推进学校优秀传统文化教育。开展移风易俗，创新民俗文化样式，形成与历史文化传统相承接、与时代发展相一致的新民俗。

发挥重要节庆日传播社会主流价值的独特优势。开展革命传统教育，加强对革命传统文化时代价值的阐发，发扬党领导人民在革命、建设、改革中形成的优良传统，弘扬民族精神和时代精神。挖掘各种重要节庆日、纪念日蕴藏的丰富教育资源，利用"五四""七一""八一""十一"等政治性节日，"三八""五一""六一"等国际性节日，党史国史上重大事件、重要人物纪念日等，举办庄严庄重、内涵丰富的群众性庆祝和纪念活动。利用党和国家成功举办大事、妥善应对难事的时机，因势利导地开展各类教育活动。加强爱国主义教育基地建设，形成实体展馆与网上展馆相结合、涵盖各个历史时期的爱国主义教育基地体系。推进公共博物馆、纪念馆、爱国主义教育基地和文化馆、图书馆、美术馆、科技馆等免费开放，积极发展红色旅游。

运用公益广告传播社会主流价值、引领文明风尚。围绕社会主义核心价值观，加强公益广告的选题规划和内容创意，形成公益广告传播先进文化、传扬新风正气的强大声势。加大公益广告刊播力度，广播电视、报纸期刊要拿出黄金时段、重要版面和显著位置，持续刊播公益广告。互联网和手机媒体要发挥传输快捷、覆盖广泛的优势，运用多种方式扩大公益广告的影响力。社会公共场所、公共交通工具要在适当位置悬挂张贴公益广告。各类公益广告要注重导向鲜明、富有内涵、引人向上，注重形式多样、品位高雅、创意新颖，体现时代感厚重感，增强传播力感染力。

议一议

在社会主义核心价值体系建设过程中，我们五年制高职学生具体可以做些什么？

体验 与践行

一、探索思考

党的十八大报告提出，倡导富强、民主、文明、和谐，倡导自由、平等、公正、法治，倡导爱国、敬业、诚信、友善，积极培育和践行社会主义核心价值观。

请思考社会主义核心价值体系与社会主义核心价值观之间是什么关系。

二、阅读体验

选取一本你所熟悉、喜欢的关于中国传统经典文化的书，如《论语》《弟子规》等仔细品读，体味中国文化的魅力，增强对社会主义文化强国建设的决心和信心。

三、活动体验

以班级为单位组织收看《感动中国》，并结合本课所学内容，谈谈你的感想。

第三节　构建社会主义和谐社会

一、高举旗帜科学发展

（一）中国特色社会主义事业的总体布局

中国特色社会主义道路，就是在中国共产党领导下，立足基本国情，以经济建设为中心，坚持四项基本原则，坚持改革开放，解放和发展社会生产力，建设社会主义市场经济、社会主义民主政治、社会主义先进文化、社会主义和谐社会、社会主义生态文明、促进人的全面发展，逐步实现全体人民共同富裕，建设富强民主文明和谐的社会主义现代化国家。

着眼于全面建成小康社会、实现社会主义现代化和中华民族伟大复兴，党的十八大对推进中国特色社会主义事业做出新的总体布局，即经济建设、政治建设、文化建设、社会建设、生态文明建设五位一体构成。

形成"五位一体"的总体布局，反映了党对社会主义现代化的认识在不断拓展和深化，是适应时代要求和人民愿望的，为我们在新的历史起点上建设社会主义指明了前进的方向。

知识链接

"五位一体"中国特色社会主义事业总体布局，是中国共产党人改革开放以来艰辛探索的结果：

改革开放初期，根据实践中出现的新问题，党中央明确提出，社会主义不但要有高度的物质文明，还要建设高度的精神文明，"两个文明"一起抓。

1986年，党的十二届六中全会首次提出以经济建设为中心，坚定不移地进行经济体制改革、坚定不移地进行政治体制改革、坚定不移地加强精神文明建设的总体布局，这一"三位一体"总体布局从党的十三大一直延续到十六大。

党的十六届六中全会提出构建社会主义和谐社会的重大任务，总体布局拓展为"四位一体"，增加了社会建设。

党的十八大提出生态文明建设。至此，总体布局又拓展为"五位一体"。

一次拓展就是一种探索接力；一次拓展就是一次认识飞跃。从"四位一体"到"五位一体"，中国特色社会主义事业总体布局内容更加丰富、结构更加完善。这表明我们党对中国特色社会主义建设规律从认识到实践都达到新的水平。

（二）中国特色社会主义伟大旗帜

旗帜问题至关重要。旗帜就是方向，旗帜就是形象，旗帜就是凝聚。高举中国特色社会主义伟大旗帜，显示了我们党继续推进中国特色社会主义伟大事业的决心和信心，符合党心民心，顺应时代潮流，必将最大限度激发亿万人民群众热情、主动性和创造力，万众一心，开拓进取，为实现全面建成小康社会和全面深化改革开放的目标而不懈努力。

中国特色社会主义，体现在理论上，就是形成了中国特色社会主义理论体系；体现在政治上，就是要高举中国特色社会主义伟大旗帜。

中国特色社会主义理论体系，就是包括邓小平理论、"三个代表"重要思想、科学发展观在内的科学理论体系，是对马克思列宁主义、毛泽东思想的坚持和发展。

中国特色社会主义道路是实现途径，中国特色社会主义理论体系是行动指南，中国特色社会主义制度是根本保障，三者统一于中国特色社会主义伟大实践，这是党领导人民在建设社会主义长期实践中形成的最鲜明特色。

说一说

毛泽东思想和中国特色社会主义理论体系之间具有什么关系？

（三）科学发展观

科学发展观是中国特色社会主义理论体系最新成果，是中国共产党集体智慧的结晶，是指导党和国家全部工作的强大思想武器。科学发展观同马克思列宁主义、毛泽东思想、邓小平理论、"三个代表"重要思想一道，是党必须长期坚持的指导思想。

科学发展观，是立足于社会主义初级阶段的基本国情，总结我国发展实践，借鉴国外发展经验，适应新的发展要求提出来的。科学发展观是坚持以人为本，全面、协调、可持续的发展观。科学发展观，第一要义是发展，核心是以人为本，基本要求是全面协调可持续，根本方法是统筹兼顾。解放思想、实事求是、与时俱进、求真务实，是科学发展观最鲜明的精神实质。

在全面建成小康社会的伟大征程中，只有牢固树立科学发展的理念，更加自觉地践行科学发展观，才能把中国特色社会主义事业不断推向前进。深入贯彻落实科学发展观，对坚持和发展中国特色社会主义具有重大现实意义和深远历史意义，必须把科学发展观贯彻到我国现代化建设全过程、体现到党的建设各方面。

二、共建共享和谐社会

社会和谐是创新社会管理的发展方向，和谐社会是加强社会建设的最终目标。只要全党全国各族人民自觉行动起来，就一定能够开创社会和谐人人有责、和谐社会人人共享的生动局面。

（一）和谐社会的内涵

什么是社会主义和谐社会呢？按照中央文件表述，我们说的社会主义和谐社会应是由中国共产党领导的，以马克思列宁主义、毛泽东思想、邓小平理论、"三个代表"重要思想和科学发展观为指导的，以最广大人民根本利益为出发点的，经济和社会、城市和农村、不同区域、国内发展和对外开放、人与自然等关系良性互动和协调发展，全体人民各尽所能、各得其所又和谐相处的社会。

2005年2月，胡锦涛同志在中央举办的省部级主要领导干部专题研讨班上，明确提出我们所要建设的社会主义和谐社会，应该是民主法制、公平正义、诚信友爱、充满活力、安定有序、人与自然和谐相处的社会。党的十六届六中全会通过的《中共中央关于构建社会主义和谐社会若干重大问题的决定》指出，我们要构建的社会主义和谐社会，是在中国特色社会主义道路上，中国共产党领导全体人民共同建设、共同享有的和谐社会。必须坚持以马克思列宁主义、毛泽东思想、邓小平理论和"三个代表"重要思想为指导，坚持党的基本路线、基本纲领、基本经验，坚持以科学发展观统领经济社会发展全局，按照民主法治、公平正义、诚信友爱、充满活力、安定有序、人与自然和谐相处的总要求，以解决人民群众最关心、最直接、最现实的利益问题为重点，着力发展社会事业、促进社会公平正义、建设和谐文化、完善社会管理、增强社会创造活力，走共同富裕道路，推动社会建设与经济建设、政治建设、文化建设协调发展。

知识链接

到2020年，构建社会主义和谐社会的目标和主要任务是：社会主义民主法制更加完善，依法治国基本方略得到全面落实，人民的权益得到切实尊重和保障；

城乡、区域发展差距扩大的趋势逐步扭转，合理有序的收入分配格局基本形成，家庭财产普遍增加，人民过上更加富足的生活；社会就业比较充分，覆盖城乡居民的社会保障体系基本建立；基本公共服务体系更加完备，政府管理和服务水平有较大提高；全民族的思想道德素质、科学文化素质和健康素质明显提高，良好道德风尚、和谐人际关系进一步形成；全社会创造活力显著增强，创新型国家基本建成；社会管理体系更加完善，社会秩序良好；资源利用效率显著提高，生态环境明显好转；实现全面建设惠及十几亿人口的更高水平的小康社会的目标，努力形成全体人民各尽其能、各得其所而又和谐相处的局面。

（二）和谐社会共建共享的重要意义

1."共建共享"充分体现了科学发展观的要求

"共建"指的是共同建设社会主义和谐社会，"共享"指的是共同享有经济和社会发展取得的成果。"共建"与"共享"是辩证统一的关系。没有"共建"，"共享"就缺乏了基础；不能"共享"，"共建"就缺乏了持续的动力。

"在共建中共享，在共享中共建"是一个可持续的发展过程。人民群众既是构建社会主义和谐社会的主力军，又是享有社会主义和谐社会建设成果的主体。"在共建中共享"，体现了构建社会主义和谐社会的根本目的是为了让人民群众共同享有经济和社会发展取得的成果；"在共享中共建"，指明了构建社会主义和谐社会的力量，来源于充分享有经济和社会发展成果的人民群众。只有充分发挥人民群众的智慧和力量，才能使"共建"取得实效、才能让人民群众可以充分享受"共建"的成果；只有让人民群众充分享有"共建"的成果，才能进一步调动人民群众的积极性，为实现更大、更多、更好的"共建"成果提供力量支撑。而更大、更多、更好的"共建"成果为人民群众进一步实现"共享"提供了新的基础。这样在"共建"与"共享"互相推动、互相促进的作用下，形成了一个连续不断的良性循环，从而不断推动构建社会主义和谐社会的进程。

"在共建中共享，在共享中共建"体现了以人为本的精神内涵，体现了经济社会和人的全面发展。首先，"共建共享"的精神内涵充分强调了人民群众是"共建"的主力军，在"共建"的过程中必须充分调动人民群众的主动性和创造力，充分发挥人民群众的智慧和力量。"共享共建"的精神内涵充分体现了人民群众是"共享"的主体，强调了构建社会主义和谐社会的根本目的就是为了人民群众能充分享有经济和社会发展的成果，就是要最大限度地实现好、维护好、发展好广大人民群众的根本利益。可见，"共建共享"充分体现了对人民群众的主体地位和首创精神的尊重，充分体现了以人为本的精神内涵。其次，"共建"与"共享"互为因果，循环推动的过程，正是实现经济社会和人的全面发展的一个过程。"共建"最直接的结果就是推动经济和社会的发展，其中也包括人自身的发展。"共享"使人民群众直接享有经济和社会发展的成果，满足了人民群众不断增长的物质文化和精神文化需求，从而促进人的全面发展。

总之，"在共建中共享，在共享中共建"的精神实质贯穿于构建社会主义和谐社会的始终，完全符合科学发展观的要求。

2. "共建共享"充分体现了党的宗旨

我们党始终坚持全心全意为人民服务的宗旨。这决定了党在任何时候都必须牢固树立"人民至上"的理念，实现好、维护好、发展好最广大人民的根本利益。构建社会主义和谐社会，需要亿万人民的智慧和共同参与，那就必须注意维护好人民群众的利益。作为执政党必须统一领导，协调各方，不懈努力，最大限度地既能满足多数人的共同愿望，又能解决少数人的合理要求，使每个人在谋取自己利益的同时为社会发展尽责任，在追求自己目标的过程中为实现社会进步作贡献。"共建共享"与党的全心全意为人民服务的宗旨是一致的、相通的。坚持党的宗旨也是凝聚和团结最广大人民群众共建和谐社会的重要途径。

3. "共建共享"为构建社会主义和谐社会指明了方向

"在共建中共享，在共享中共建"的思想在构建社会主义和谐社会的具体实践中，对于如何抓住工作的重点、把握工作的关键等方面起到了具体的指导作用，具有重大的现实意义。

构建和谐社会是一项复杂的系统工程，其复杂性决定了和谐社会的建设不能仅仅依靠党和政府的推动力量，也不能只采用单一的方法，而是要充分考虑不同群体的利益需要，采取个性化、针对性措施，调动各方力量，获得各方的理解、支持和帮助，只有这样，构建和谐社会的具体措施才能取得良好效果。

想一想

作为在校学生，在构建社会主义和谐社会的征程中，应该做些什么呢？

构建社会主义和谐社会是一项前无古人的伟大事业，也是造福全体人民的伟大事业。只有动员广大人民群众共同参与，才能使这一宏伟目标变成美好现实；只有让广大人民群众不断从和谐社会建设中得到实惠，才能使和谐社会建设成为广大人民群众的自觉行动。离开和谐社会的共建，发展成果的共享就失去了根基和源泉；离开发展成果的共享，和谐社会的建设就失去了动力和意义。把共同建设、共同享有贯穿于和谐社会建设的全过程，在共建中共享、在共享中共建，就能把中国特色社会主义伟大事业不断推向前进。

体验与践行

一、调查分析

利用周末或假期，以小组为单位走访当地的一家企业，通过了解其实际运作情况，试分析其发展思路与具体做法是否符合科学发展观的要求。若有不符合科学发展观要求的地方，请提出你的建议。

二、活动体验

和谐校园的建设离不开和谐班级的建设，让我们从构建和谐班集体做起，点滴力量的汇聚，就会使我们的校园生活变得更加美好。

1. 活动建议

（1）"扫描"你所在班级的文明和不文明行为，对身边有关案例进行搜集、整理。

（2）设计一个切合实际的创建和谐班级的活动方案。

（3）撰写"创和谐班级我参与"的演讲稿。

（4）准备班级内和谐与不和谐现象的图片。

2. 活动过程

（1）对班级内的文明与不文明行为进行排序。

（2）实施创和谐班级的方案，开展"文明学生""文明宿舍"的评选活动。

（3）举办"创和谐班级我参与"的主题演讲。

（4）举行"创和谐班级我参与"的条幅签名活动。

3. 活动成果

（1）评选出"文明宿舍""文明学生"，加以表彰。

（2）通过主题演讲、签名活动等，增强学生参与和谐班级建设的自觉性和主动性，并一一落实在实际的学习和生活中，进一步明确应该坚持什么、反对什么、倡导什么、抵制什么。

图书在版编目（CIP）数据

经济政治与社会/孙勇等主编. —济南:山东人民
出版社,2015.7(2020.1重印)
  ISBN 978-7-209-08961-6

  Ⅰ.①经… Ⅱ.①孙… Ⅲ.①中国经济－经济
建设－教材②政治－中国－教材 Ⅳ.①F124②D6

  中国版本图书馆CIP数据核字(2015)第158091号

经济政治与社会

孙　勇　杨俭修　吴俊霞　赵　伟　主编

主管单位　山东出版传媒股份有限公司
出版发行　山东人民出版社
社　　址　济南市英雄山路165号
邮　　编　250002
电　　话　总编室（0531）82098914
　　　　　市场部（0531）82098027
网　　址　http://www.sd-book.com.cn
印　　装　日照报业印刷有限公司
经　　销　新华书店

规　　格　16开(184mm×260mm)
印　　张　9.75
字　　数　160千字
版　　次　2015年7月第1版
印　　次　2020年1月第7次
ISBN 978-7-209-08961-6
定　　价　25.00元

如有印装质量问题，请与出版社总编室联系调换。